毛糸を巻いてつくる
家鳥とちいさな野鳥

小鳥ぽんぽん

trikotri
誠文堂新光社

はじめに

もう7、8年前になるでしょうか。
私が毛糸のぽんぽんで動物を作り始めた手芸店員時代、
同僚と一緒にカラフルな小鳥をたくさん作ったのを憶えています。
ふたつつなげたぽんぽんに目とくちばしをつけただけの
ごくごく簡単なものでしたが、作るたびに不思議と表情がちがって
自分が大人であることを忘れるくらい、夢中になって作りました。

あの頃自分用に作った1羽の鳥は「たまちゃん」という
昭和の猫みたいな名前をつけられて、今も部屋の片隅から
私の仕事ぶりを見守ってくれています。
だいぶ手でなでたりにぎったりしていたので
質感がもそもそしていますが、それさえもまたかわいいのです。

手のひらにちいさな鳥が舞い降りたような
なんとも言えない、いとおしい感触。

あの頃胸に訪れた、あたたかな感動を思い出しながら
この本では、なじみのある家鳥からなかなか出会えない野鳥まで
個性ゆたかな小鳥たちのユニークな表情や
美しい羽色を再現すべく、作品をデザインしました。

くちばしや羽、あしなどの細かなパーツを作るのは
最初のうち少し大変に思えるかもしれませんが、
ひとつひとつ進めていけば、難しいことはありません。

かわいらしい、ちいさな鳥があなたの手のひらに舞い降りたら、
ぜひ思う存分かわいがってあげてください。

trikotri

		HOW TO MAKE ↓			HOW TO MAKE ↓
はじめに	02		ヤマガラ	20	78
プロローグ	04		シジュウカラ	20	79
			シマエナガ	22	81
文鳥（シナモン）	08	39	ルリビタキ	24	84
文鳥（桜）	09	57	メジロ	25	85
文鳥（白）	09	58	カワセミ	26	87
セキセイインコ（レインボー）	10	60	アカゲラ	27	88
セキセイインコ（コバルトブルー）	10	61	ツバメ（親）	30	90
カナリア	11	63	ツバメ（ひな）	31	76
キンカチョウ	12	64	ウズラ（親）	32	93
オカメインコ（ノーマル）	13	66	ウズラ（ひな）	32	95
オカメインコ（ルチノー）	13	67	ウズラ（卵）	32	94
コザクラインコ	16	69	ひよこ	33	82
ボタンインコ	17	70			
スズメ（親）	18	72	用意するもの	34	
スズメ（ひな）	18	75	作り方ページの見方	38	
ウソ	19	73	小鳥ぽんぽんの作り方	39	
			型紙	巻末	

文鳥（シナモン）

「シナモン文鳥」の呼び名がなんだかおいしそうだな、と思いながら配色を考えました。グラデーションに着色したピンクのくちばしもチャームポイントです。
HOW TO MAKE > p.39-51

文鳥（白・桜）

下ぶくれの顔のシルエットは、頬の上の糸を短くカットして形作ります。パーツ作りや細部のカットなど、ひとつひとつの作業をていねいに行うことが、愛らしく仕上げる一番のコツです。

HOW TO MAKE > p.57-59

セキセイインコ
（コバルトブルー・レインボー）

トロピカルな色合いにピンクやブルーの丸い鼻。人懐こいところや仕草、表情…。その魅力をあげればきりがありません。羽の模様は糸を4本どりにして表現しています。

HOW TO MAKE > p.60-62

カナリア

飼い鳥の中でも世界的に有名で、スターのような存在のカナリア。淡いピンク色のくちばしを少し開いてつければ、今にも美しい歌声が聴こえてきそうです。
HOW TO MAKE > p.63, p.65

キンカチョウ

Zebra Finchという英名の由来でもある胸の縞模様やオレンジ×モノトーンの羽色が目を引きます。脇の水玉模様は、太さの異なる2種類の糸を使って表現しました。

HOW TO MAKE > p.64-65

チークパッチと呼ばれる頬の模様に、可愛らしい鼻。ピンと立った立派な冠羽も特徴です。パーツ作りが大変に思えるかもしれませんが、手間がかかるほど可愛く思えてしまうのも、また親心。
HOW TO MAKE > p.66-68

オカメインコ
（ルチノー・ノーマル）

コザクラインコ

愛情深く人懐こい性格からLovebirdとも呼ばれるコザクラインコ。生まれ故郷のアフリカを思わせる、鮮やかなカラーが特徴です。配色を置き換えて、色ちがいで作っても。

HOW TO MAKE > p.69, p.71

ボタンインコ

ひょうきんで愛らしい顔立ちのボタンインコは、目のまわりの白いアイリングがポイントです。下くちばしを少しのぞかせれば、今にもしゃべり出しそうな生き生きとした表情に。

HOW TO MAKE > p.70-71

とても身近で見慣れた存在ですが、鳴き声が聞こえると、思わずその姿を探してしまいます。頬にちょんと墨を塗ったような模様も、またたまらなく愛らしいのです。

HOW TO MAKE >
p.72, p.74-75, p.77

スズメ
（親・ひな）

ウソ

「フィロ、フィー」という鳴き声が古語の「うそ（口笛）」のようであることからその名前がついたそう。ピンクの頬や丸いおなかが「うそみたいに可愛いから」というわけではないようです。

HOW TO MAKE > p.73-74

ヤマガラ

鮮やかな山吹色のおなかが印象的なヤマガラ。人馴れしやすく賢いので、昔は神社の縁日などで芸も披露していたそうです。正面から見た顔も、どこかファニーで愛嬌たっぷり。

HOW TO MAKE > p.78, p.80

シジュウカラ

おなかにある黒いネクタイ模様が特徴のシジュウカラ。オス同士、この模様を見せ合って競うこともあるとか。好物のひまわりの種と、黒い縦ラインがなんだか似ている気がしませんか。

HOW TO MAKE > p.79-80

シマエナガ

白くふわふわとした姿から「雪の妖精」とも呼ばれるシマエナガ。羽の中に空気をためてふくらませ、冬の寒さをしのぐそう。いくつも作って並べれば、反則級の可愛さです。

HOW TO MAKE > p.81, p83

ルリビタキ

鮮やかなブルーの衣装をまとったルリビタキ。その美しい瑠璃色は生後2〜3年生きぬいたオスだけが手に入れられる特別な色だそう。自分で作れば毎日出会える「幸せの青い鳥」です。

HOW TO MAKE > p.84, p.86

メジロ

名前の由来でもある目のまわりの白いアイリングが特徴です。刺繍を施すようにていねいに縁どりましょう。花や果物の蜜を吸う小さなくちばしは、細く尖った形をしています。

HOW TO MAKE > p.85-86

カワセミ

ブルーグリーンの羽の色が美しく、宝石のヒスイと同じ漢字で「翡翠」と書きます。なんとその名をとったのは、石のほうだとか。魚を捕るのが上手な細長いくちばしも特徴的です。

HOW TO MAKE > p.87, p.89

アカゲラ

木の幹に潜む害虫を食べて森を守ることから「森の番人」と呼ばれます。おなかが出ていると木にとまるのが大変なので、胴は細身にカットして仕上げましょう。

HOW TO MAKE > p.88-89

ツバメ

颯爽と空を飛ぶ美しいシルエットを表現するため、翼はボンド水につけて固めてからカットします。天井から吊り下げて飾れば、風に揺れる姿が涼しげです。

HOW TO MAKE > p.90-92

ツバメのひな

大きな口を開けてエサをねだるツバメのひな。黄色いくちばしは、成長とともに黒っぽく色づきます。胴を逆三角形気味にカットすれば、今にも身を乗り出してきそうです。

HOW TO MAKE > p.76-77

シックな色合いにずんぐり
とした体がチャーミングな
ウズラ。親鳥もひなも胴は
ほとんどカットせずに丸く
仕上げています。卵のぽん
ぽんも、かるく整える程度
で十分。色々な模様で作っ
てみてください。

HOW TO MAKE > p.93-95

ウズラ
（親・ひな・卵）

ひよこ

黄色のぽんぽんをふたつつなげた時点ですでに可愛いのですが、工程ごとに増す「ひよこ感」に、ますます愛着が湧いてきます。手のひらに乗せた感触までいとおしく思えてくるはず。

HOW TO MAKE > p.82-83

用意するもの

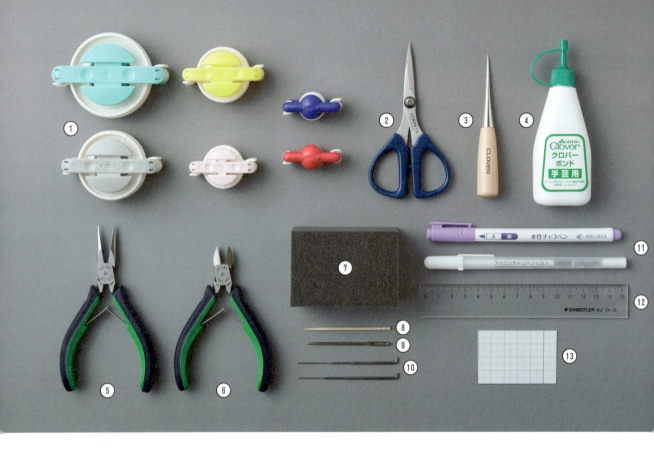

◎ **用具** この本で使用している用具類です。
別に必要なものがある場合はp.39〜の作り方ページに記載しています。

① ポンポンメーカー
小鳥ぽんぽんの土台となるぽんぽんを作る際に糸を巻いて使用します。作品の大きさによって、それぞれのサイズを使い分けます。
（スーパーポンポンメーカー／左上：65mm、左下：55mm、中上：45mm、中下：35mm、右上：25mm、右下：20mm／クロバー）

② はさみ
糸やフェルトをカットする際に使用します。手芸用やパッチワーク用の、刃先が鋭く切れ味の良いものを使用しましょう。
（カットワークはさみ115／クロバー）

③ 目打ち
くちばしやろう膜（鼻）を作る際に使用します。掲載の用途以外にも、細かい作業をする際に何かと便利です。
（S目打／クロバー）

④ 手芸用ボンド
ぽんぽんの結び目につけて補強したり、くちばしや目などのパーツを接着する際に使用します。木工用でも可。

⑤ ラジオペンチ
あしなどを作る際、ワイヤーを曲げるために使用します。できるだけ先の細いものを使用してください。

⑥ ニッパー
ワイヤーや目のパーツの差し込み部分をカットする際に使用します。

⑦ フェルティングマット
フェルティングニードルを使って尾羽や風切羽を作る際に、下敷きとして使用します。

⑧ つまようじ
くちばしや目などのパーツにボンドを塗る際に使用します。

⑨ 毛糸とじ針
胴に尾羽をつける際に使用します。結び糸が針穴に通る太さのものを選びましょう。

⑩ フェルティングニードル
尾羽や風切羽など、毛糸を刺してパーツ類を作る際に使用します。
（フェルトパンチャー替針／上：レギュラー針、下：スピード針／クロバー）

⑪ チャコペン
型紙をフェルトに写す際や、印つけに使用します。焦茶や黒などのフェルトに描く場合は濃色地用のものを使用します。
（上：水性チャコペン〈紫・太〉、下：アイロンチャコペン〈白〉／クロバー）

⑫ 定規
糸の長さやパーツ類の寸法を測る際などに使用します。

⑬ 厚紙
糸を巻いて尾羽や風切羽を作る際に使用します。目盛りの入った工作用紙が便利です。

◎ **材料**　小鳥ぽんぽんを作るための材料です。
各作品の材料はp.39〜の作り方ページに記載しています。

① **毛糸**
ポンポンメーカーや厚紙に巻いて、小鳥ぽんぽんの土台となるぽんぽんや羽などのパーツ類を作ります。p.36参照。

② **結び糸（中）**
35〜65mmのぽんぽんの中心を結ぶ際や、尾羽を作る際に使用します。指定のものが手に入らない場合は#18〜20相当のレース糸や3〜4号程度の細口のたこ糸でも代用可能です。
（結び糸／DARUMA）

③ **結び糸（細）**
20mm、25mmのぽんぽんの中心を結ぶ際に使用します。市販の太口のボタンつけ糸（ポリエステル製、#20相当）を使用してください。

④ **布用スタンプインク**
くちばしのフェルトに着色する際に使用します。
（バーサクラフトS／上：182〈リアルブラック〉、下：114〈ポピーレッド〉／ツキネコ）

⑤ **目のパーツ**
差し込み部分にボンドを塗って使用します。さまざまな種類があるので、サイズや色に注意して選んでください。p.37参照。

⑥ **フェルト**
水に濡らして成形し、くちばしやろう膜（鼻）などのパーツを作ります。ウール60％、レーヨン40％のものを使用してください。p.37参照。

⑦ **フラワーテープ（白）**
あしを作る際、ワイヤーに巻いて束ねるために使用します。裏表なく使用でき、引っぱって伸ばすことにより粘着性が増します。

⑧ **フラワー用ワイヤー（白）**
フラワーテープで束ねて、あしを作ります。#26の太さで白の地巻タイプを使用してください。

◎ 糸　鮮やかな小鳥の羽色や模様を表現するため、
　　　色のバリエーションが豊富なウール100%の糸を使用しています。

iroiro

1	オフホワイト	27　新茶
2	マッシュルーム	28　ピスタチオ
5	ピーナッツバター	29　カナリヤ
7	ナツメグ	31　レモン
9	サンドベージュ	32　ライムイエロー
10	シャム猫	33　チーズ
11	ブラウニー	34　ペールオレンジ
12	紺	35　みかん
13	群青	36　ネーブル
14	マリンブルー	37　赤
15	コバルトブルー	38　チェリーピンク
16	ピーコック	39　フラミンゴ
17	夜空	40　桜
18	デニムブルー	47　黒
20	水	48　ダークグレー
21	ミント	49　グレー
22	ラムネ	50　ライトグレー
24	苔	原毛に近いメリノウール
25	オリーブ	18　ディープオレンジ

本書の作品はDARUMAの糸を使用しています。糸の問い合わせは右記へ。

横田株式会社・DARUMA
〒541-0058　大阪市中央区南久宝寺町2-5-14
TEL. 06-6251-2183(代)　http://www.daruma-ito.co.jp/

◎ フェルト　水に濡らして成形し、パーツを作ります。必ずウール60％レーヨン40％のものを使用してください。

ミニー200（サンフェルト）

- 105
- 110
- 139
- 229
- 301
- 304
- 331
- 333
- 336
- 553
- 558
- 701
- 770
- 771
- 790

◎ 目　ボンドをつけて接着する差し込みタイプ。
微妙な大きさの違いで、顔の印象が変わります。

ソリッドアイ（ハマナカ）

ブラック 3mm　　ブラック 3.5mm　　ブラック 4mm
H221-303-1　　　H221-335-1　　　H221-304-1

ブラック 4.5mm　　ブラック 5mm
H221-345-1　　　H221-305-1

クリスタルアイ（ハマナカ）

ゴールド 4.5mm
H220-104-8

ブラウン 6mm
H220-106-2

作り方ページの見方

p.39、p.57以降のページの見方です。

作品のおおよそのできあがりサイズ(下記参照)、使用するポンポンメーカーと厚紙のサイズです。p.34の用具以外に必要なものがある場合は、この場所に記載しています。

※体の長さには、パーツ(尾羽、冠羽、くちばし)も含まれます。

作品を掲載しているページです。

セキセイインコ(レインボー)

● サイズ(概寸) ※あしを除く
　…縦70mm×横58mm×体の長さ98mm
● ポンポンメーカー…35mm、55mm
● 厚紙…60mm×40mm(尾羽A)、50mm×40mm(尾羽B)、40mm×45mm(風切羽)
● その他…パールまち針

材料
本体[頭]　：iroiro(○1)●13)●32)
本体[胴]　：iroiro(○1)●21)●22)●48)
結び糸　　：(中)…40cm×3本
くちばし　：ミニー200(333)
ろう膜　　：ミニー200(553)
目　　　　：ソリッドアイ(ブラック・4.5mm)…2個
目のまわり：iroiro(○1)…10cm×1本 ※半分にさいて使用
尾羽A　　：iroiro(●48)
尾羽B　　：iroiro(●22)
風切羽　　：iroiro(●21)●48)
あし　　　：フラワー用ワイヤー…12cm×4本、
　　　　　　フラワーテープ…5cm×2枚、
　　　　　　iroiro(●40)

使用糸やその他の材料の詳細は、p.34-37を参照してください。糸の( )内の○は、巻き図中の色と対応しています。数字は色番号です。

巻き図

作り方
1 土台のぽんぽんを作る ⇒p.40-43、p.53
　[頭] 順番に糸を巻く(1~5) → まわりをカットする → 結び糸(中)で中心を結ぶ → 取り出して形を整える
　[胴] 順番に糸を巻く(1~6) → まわりをカットする → 結び糸(中)で中心を結ぶ → 取り出して形を整える
2 頭と胴のぽんぽんを連結させる ⇒p.44
3 頭と胴の形を作る ⇒p.45、p.62
　頭の側面・頭の上半分・首元の白い糸をカットする(p.62)
　→ 胴の背中側
4 パーツを作る ⇒p.46-54、下記、巻末
　・くちばしを作る(インコタイプp.52、成形) → ろう膜を作る(成形)
　・ろう膜、くちばしの順でとりつける → 目をつける
　・目のまわりを囲む
　・尾羽を作る(厚紙に糸を巻いて結ぶ、フェルティングする、とりつけ)
　・風切羽を作る(厚紙に糸を巻く、フェルティングする、とりつけ)
　・あしを作る(インコタイプp.53　ワイヤーをテープで束ねる
　　糸を巻いて成形する、とりつけ)
5 仕上げのカットをする ⇒p.51

参照するページを示しています。

パーツの型紙は巻末を参照してください。

参照する写真を示しています。

巻き終わり

風切羽の厚紙(p.49参照)の中央に、5mm間隔で切り込みを2箇所入れ、●21)の糸をAからCまで8回(●48)の糸をBからDまで8回巻く。

頭と胴の土台となるぽんぽんを連結させ、正面から見た状態です。連結時、頭と胴の向きをそろえる際(p.44 3)に、この写真と同じ状態になるよう調節してください。

下半分のアームに糸を巻く際は、巻き図を上下逆さにして向きを確認しましょう。

どの糸をどの位置に、それぞれ何回巻くかを示しています。①②③…は巻く順番、その後の数字は巻く回数です。図中の1マス=糸を1回巻くことを表しています。2色以上の糸で2~4本どり(p.53)する場合の回数は( )内を参照してください。30度ごとに太線を入れています。糸を巻く際の参考にしてください。

いろいろな角度から見た作品の写真です。点線は、カットする前のぽんぽんの輪郭を表しています。カットして形を作る際の参考にしてください。緑の点はあしのつけ位置を示しています。

尾羽と風切羽の詳細です。左はそれぞれの厚紙のサイズと糸の巻き数、右はできあがりサイズです。羽の長さ、形をカットする際の参考にしてください。

くちばしやろう膜の完成写真(実物大)です。

このページは巻き図ページの後にあります。

小鳥ぽんぽんの作り方

この本に載っている作品は、ほぼ同様の手順で作ることができます。
文鳥(シナモン)の作り方で、完成までの流れを確認しましょう。

基本の作り方

文鳥(シナモン)

→p.8

● サイズ(概寸) ※あしを除く
…縦70mm×横58mm×体の長さ98mm
● ポンポンメーカー…35mm、55mm
● 厚紙…60mm×40mm(尾羽A)、50mm×40mm(尾羽B)、
　　　　40mm×45mm(風切羽)
● その他…細筆※、クッキングシート※
※くちばしを着色する場合に使用

材料

本体[頭]	: iroiro(○1)(　2)(●10)
本体[胴]	: iroiro(○1)(　2)(●5)
結び糸	: (中)…40cm×3本
くちばし	: 着色あり…ミニー200(304)、バーサクラフトS(114) 着色なし…ミニー200(105)
目	: ソリッドアイ(ブラック・4.5mm)…2個
目のまわり	: iroiro(●38)…10cm×1本 ※半分にさいて使用
尾羽A	: iroiro(●10)
尾羽B	: iroiro(○1)
風切羽	: iroiro(　2)
あし	: フラワー用ワイヤー…12cm×4本、 フラワーテープ…5cm×2枚、iroiro(●40)

巻き図 / 巻き終わり / パーツの寸法
頭 35mm / 胴 55mm
くちばし(実寸大) / A 尾羽 / B / 風切羽

◎土台のぽんぽんを作る[頭]　ポンポンメーカーに順番に指定の糸を巻いて、頭の土台となるぽんぽんを作ります。

順番に糸を巻く
①の部分

上半分／巻き始め

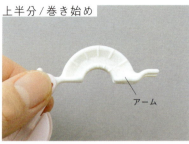 

1 【使用糸：iroiro●10】
巻き図の①の部分を巻きます。35mmのポンポンメーカーのアームを2本そろえて開き、糸端を親指で押さえます。

糸端に重ねながら3〜4回巻いたら親指を離します。糸がつきました。

巻いた部分は右端にずらします。

アームの右端から左端まで計24回巻きます。糸はピンと引きしめながら巻きましょう。

続けて2層目を巻きます。今度は左端から右端に向けて24回巻きます。これを繰り返し、全部で24回×5層（120回）巻きます。

巻き終わり

最後の1回は人差し指にかけ、糸端を4〜5cm残してカットします。

糸端をわにくぐらせて引きしめます。

糸端はアームの縁から1cmくらいのところでカットします。

①が巻き終わりました。

②の部分

2 【使用糸：iroiro○1】
●の位置(右端)から左端に向けて24回巻きます。

②が巻き終わりました。以降同様に、巻き終わりごとにp.40を参照しカットします。

③の部分

④の部分

下半分

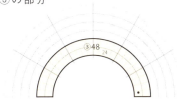

上半分が巻き終わったので、アームを閉じます。

3 【使用糸：iroiro 2】
下半分を巻く際は、巻き図は上下逆さに見ます。反対側のアームを開き、●の位置(右端)から24回×2層(48回)巻きます。

4 【使用糸：iroiro○1】
●の位置(右端)から24回×4層(96回)巻きます。

下半分も巻き終わりました。アームを閉じます。

巻く回数が多い場合

糸玉の外側と内側の糸端をそろえて持ち、2本どりにすれば、巻き数を半分に減らすことができます。2本どりで巻いた場合、巻いた糸の間隔が空きやすくなりますが問題ありません。1本どりの場合よりも糸がゆるくなりやすいため、より意識して引きしめながら巻きましょう。

まわりをカットする

5 アームとアームの間にはさみの刃先を入れ、糸をカットします。厚みがあって切りにくい場合は、刃先を使って少しずつカットしましょう。一周ぐるりとカットします。

結び糸で中心を結ぶ

固め止め結び

6 カットしてできた隙間に結び糸※1をわたし、▽の位置(結び目1※2)で2回からめて強く引きしめて結びます(固め止め結び)。

※1 20mm、25mmのポンポンメーカーの場合は(細=ボタンつけ糸)を使用。
※2 巻き図参照。結ぶ位置は頭/胴/作品によって変わります。

7 反対側に結び糸をわたし、▲の位置(結び目2)でも2回からめて強く引きしめて結びます(固め止め結び)。

8 同じ位置でもうひと結びします。この時7と逆向きに糸をからめることで、強力な結び目ができます(止め結び・逆)。

取り出して形を整える

9 すべてのアームを開き、ぽんぽんを取り出します。

10 手のひらで転がし、球状になるように形を整えます。結び目部分の糸が立ち上がりにくい場合は、はさみの刃先を使って立ち上げましょう。

11 飛び出している糸をカットします。

12 はさみの先で、糸を本来の位置に戻します。

頭の土台となるぽんぽんができあがりました。

◎土台のぽんぽんを作る[胴]　同様に、胴の土台となるぽんぽんを作ります。

順番に糸を巻く
①の部分

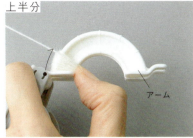

1　巻き図の①の部分を巻きます。55mmのポンポンメーカーのアームを2本そろえて開き、●の位置(左端)から8回×6層(48回)巻きます。内側の糸が広がりやすいので、親指で端に寄せるようにします。

②の部分

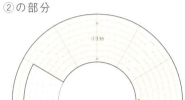

③の部分

2　【使用糸：iroiro　2】
●の位置(右端)から40回×6層巻き、続けて48回×2層(計336回)巻きます。

上半分を巻き終わりました。アームを閉じます。

3　【使用糸：iroiro●5】
反対側のアームを開き、●の位置(右端)から24回×6層(144回)巻きます。

④の部分

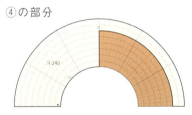

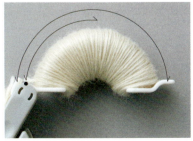

4　【使用糸：iroiro　2】
●の位置(左端)から24回×6層巻き、続けて48回×2層(計240回)巻きます。

すべて巻き終わりました。アームを閉じます。

p.42を参照してまわりをカットし、結び糸で中心を結んだら取り出して形を整えます。胴の土台となるぽんぽんができあがりました。

43

◎頭と胴のぽんぽんを連結させる

頭と胴の土台となるぽんぽんを、結び糸を使って連結させます。
連結部分がゆるまないように気をつけて作業しましょう。

1 頭と胴それぞれのぽんぽんから2本ずつ出ている結び糸同士を3回からめます。

2 からめた糸を引きしめます。

3 頭と胴の向きをそろえます。それぞれのぽんぽんの結び目が同じ方向にくるように調節しましょう。

4 結び糸が後ろ側にくるように調節します。連結部分がゆるんだ場合は、再度しっかりと引きしめます。

5 結び糸(2本で一組)同士を1回からめ、止め結びをして引きしめます。

6 5の結び目に巻き込んだ毛糸を、はさみの刃先を使って結び目の外にかき出します。結び糸を切らないように気をつけましょう。

7 6で連結部分の結び目にすき間ができたので、再度結び糸を引きしめます。

8 今度は5と逆向きに結び糸同士を1回からめ、止め結び・逆をします。6〜7と同じ要領で、再度引きしめ直します。

頭と胴のぽんぽんが連結されました。背中側から出ている結び糸は、前後の向きの目印になります。じゃまにならないように5〜6cmにカットして残しておきましょう。

頭の角度を変える

頭のぽんぽんの中心を結ぶ際(p.42)、結ぶ位置を変えることによって頭の角度をアレンジすることができます。p.39で頭の巻き図の上下に入っていた結び目の位置を90度ずらしてポンポンメーカーの左右で結ぶことにより、右下の写真のように、顔を上に向かせることもできるので、ぜひアレンジしてみてください。

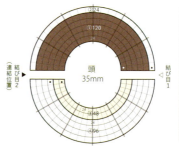

◎頭と胴の形を作る　　ぽんぽんをいろいろな角度から見ながらはさみでカットして、頭と胴の形を作ります。
「頭の側面」「頭の上半分」は、顔を正面から見た状態でカットしてください。

カットの目安／パーツのつけ位置

正面

横

後ろ

上

◯ … カットする前のぽんぽんの形　　● … あしのつけ位置

頭の側面

1 頭の両側面の糸をカットします。

カット後、正面から見たところ。

上から見たところ。

頭の上半分

2 頭の上半分の糸をカットします。手前から奥に向かってはさみを動かします。

カット後、正面から見たところ。

上から見たところ。

胴の背中側

3 胴の背中側の糸を平らにカットします。カット後、横から見たところ。

上から見たところ。

仕上げに角を取るようにカットして整えます。頭と胴のカットが終わりました。

◎ パーツを作る　　くちばしや目、羽など細部を作り込んでいきます。くちばしを成形した後は乾燥に時間がかかるので、
　　　　　　　　　p.48に進んで、羽やあしを先に作ってもよいでしょう。

くちばしを作る〈文鳥タイプ〉　※〈文鳥タイプ〉以外のくちばしの作り方はp.52参照。
※この本では文鳥のみ、くちばしが湿っているうちに布用スタンプインクで着色をしています。
ミニー200（105）を使用する場合は、着色の手順は省略してください。

成形する

1　くちばしの型紙（巻末）を、コピーまたは白い紙に写してカットし、指定のフェルトにチャコペンで描き写します。

2　フェルトをカットします。

3　カットしたフェルトを十分に水で濡らします。小さな容器に水を用意しておくと便利です。

4　型紙の←→の方向にフェルトを丸めて手のひらの上で転がします。フェルトが毛羽立たないよう時々水に濡らしながら、徐々に力を加えて転がします。

5　4を開き、形がくずれないよう注意しながら同じ面を内側にして反対側からも丸め、転がします。←→の方向にフェルトが縮んでいるのがわかります。

6　縮絨*後の大きさ（巻末）になるまで4〜5を繰り返します。上下くちばし2枚、同様に作業します。
※圧力や摩擦を加えて収縮させること。

7　上くちばしは、自然なカーブになるように形を整えます。

8　下くちばしは、左右の端を内側に折りたたみます。

9　上下のくちばしが成形できました。

着色する（文鳥のみ）

1　くちばしが湿っているうちに、表側のみ布用スタンプインクで着色をします。指定のスタンプインクで上下のくちばしの根元側半分をポンポンと叩き、色をつけます。

2　細筆に水を含ませて、着色した部分としていない部分の境目をなぞるようにして、色をぼかします。

3　そのままクッキングシート*（ラップでも可）の上に置いて乾かします。
※着色したくちばしを乾かす場合は、吸水性のある紙（ティッシュや新聞紙など）の上に置くとインクが吸い取られてしまうので、使用しないようにしてください。

着色できました。乾燥後はインクの色が退色しますが問題ありません。

くちばしを着色なしで作る

この本では、文鳥のくちばしの色のグラデーションを表現するためスタンプインクを使っていますが、最初からピンク色のフェルトを使っても、かわいらしくできあがります。

本体にとりつける

1　くちばしが完全に乾いたら、くちばしの完成写真(p.39)を参考にはさみでカットして形を整えます。

2　頭のくちばしのつけ位置の糸を短くカットします。実際にくちばしをあてがって確認しながら作業しましょう。

3　くちばしの根元部分につまようじでボンドを塗り、下くちばし→上くちばしの順でとりつけます。目打ちで根元部分を押し込みます。

くちばしがつきました。

目をつける

1　くちばしの脇〜頬の上の糸をカットして短く整えます。

2　両目を差し込み、位置を確認します。差し込みにくい場合は、パーツの差し込み部分をニッパーでカットしましょう。

3　片目ずつ、つまようじで差し込み部分にボンドをつけて2の位置に差し込みます。

目がつきました。

目のまわりを囲む

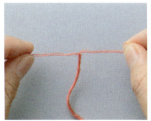

1　指定の糸を10cm用意し、半分にさきます。

2　目頭に1の糸端をフェルティングニードルで刺しつけます。※スピード針推奨

3　目の上に糸をわたして、目尻側も同様に刺しつけます。

4　2〜3を繰り返して糸で目のまわりを2〜3周囲み、余分な糸をカットします。

まぶたがつきました。

眠そうな目にする

目のまわりを囲む際、上下のまぶたが目の上にかかるように多めに重ねて(4〜5周程度)囲むことで、眠たそうな表情にすることができます。
目のパーツが浮かないようにしっかりと押し込んで接着させてから囲みましょう。

尾羽を作る

厚紙に糸を巻いて結ぶ

1 尾羽Aの厚紙を用意し、指定の糸（●10）の端を厚紙より3cmほど長くとって巻き始め、指定回数巻きます。厚紙が反らないようにゆったりと巻いてください。

2 巻き終わりの糸端も3cmほど長く残してカットし、糸端同士を厚紙の端でひと結びしておきます。尾羽Bも指定の糸（○1）で同様に巻きます。

3 尾羽A、Bそれぞれの糸と厚紙の間に結び糸をくぐらせて、固め止め結びします。

4 強く引きしめます。

5 同じ位置で、止め結び・逆をして引きしめます。

6 厚紙からはずします。2でひと結びした結び目は、ほどいてから次の作業に進みましょう。

フェルティングする

1 尾羽Aを、結び目のある方を表にしてマットの上に置き、できあがりの幅(18mm)ほどに広げ整えたら、全体をニードルで刺します。

2 側面からニードルを刺して貫通させ、針先を左右に10回ほど動かして糸同士を横につなげます。約5mm間隔で根元から先端に向かって作業します。
※レギュラー針推奨

3 上下を返し、今度は先端から根元に向かって、同様に作業し、全体を刺しつなげます。

4 左右から出た糸の毛羽を、側面からニードルで刺して整えます。

5 尾羽Aが刺し終わりました。尾羽Bも1〜4と同様に作業します。

5 尾羽AとBをそれぞれ指定の長さ、形にカットします。

6 尾羽AにBを重ね、尾羽B側から軽くニードルで刺して、2枚の尾羽を合体させます。

尾羽ができました。

本体にとりつける

1 尾羽の結び糸のうち1本を毛糸とじ針に通します。尾羽のつけ位置の糸をかき分けてぽんぽんの結び目の右側から針を入れます。

2 反対側（首の下あたり）に針先を出して引き抜きます。

3 もう一方の結び糸もとじ針に通し、今度は結び目の左側から針を入れて2の近くに針先を出し、引き抜きます。

4 尾羽Aが上にくるように調整したら、2本の結び糸を1回からめ、止め結びして引きしめます。さらに止め結び・逆をして引きしめます。

5 結び目にボンドを少量つけ、余分な結び糸はカットします。

尾羽がつきました。

風切羽を作る

※この本では、風切羽をつけている鳥とつけていない鳥があります。風切羽の大きさはすべて共通です。
※ぽんぽんの丸みを活かしたフォルムに仕上げたい場合や、キーホルダーに加工する場合などは、この工程を省いてもかまいません。

厚紙に糸を巻く

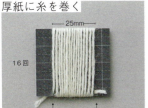

風切羽の厚紙を用意し、写真の2箇所に3mmほどの切り込みを入れます。指定の糸（ 2）の端を切り込みに引っかけて巻き始め、指定回数巻いたら巻き終わりも切り込みに引っかけてカットします。

フェルティングする

1 糸の側面から反対側に貫通するようにニードルを刺し、針先を左右に10回ほど動かして糸同士を横につなげます。約3〜4mm間隔で、端から端に向かって全体を刺しつなげます。
※レギュラー針推奨

2 上下を返し、反対側からも同様に全体を刺しつなげます。幅がせまくなってきたら糸端を切り込みからはずして、横幅が18mmほどになるまで刺します。裏面も同様に作業します。

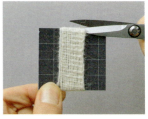

3 上下をはさみでカットして厚紙からはずし、左右から出た糸の毛羽もカットします。

シートが2枚できました。

4 長さ30mmにカットし、先端を丸くカットします。

風切羽ができました。

本体にとりつける

1 胴の風切羽のつけ位置の糸をかき分けて羽を差し込みます。

2 根元部分を表側からニードルでしっかりと刺しつけます。つけ根の2〜3mmほど内側を本体に押し込むように刺しましょう。ニードルが折れないよう、刺す方向に対してまっすぐに動かします。

3 風切羽が片方つきました。同様にもう片方もつけます。

風切羽がつきました。

あしを作る〈文鳥タイプⅠ〉

※〈文鳥タイプⅠ〉以外の足首の位置や指の長さ、糸の巻き数などはp.53参照。
※キーホルダーやモビールに加工する場合は省いてかまいません。

ワイヤーをテープで束ねる

1. フラワー用ワイヤーをそれぞれ半分に折り曲げます。折り目はペンチでしっかりと押さえましょう。

2. 足首の位置（文鳥は折り目から35mmの箇所）にチャコペンで印をつけます。

3. ワイヤー2本を、折り目を下にして持ちます。フラワーテープの端を2の印に合わせ、ワイヤーに重ねて持ちます。

4. テープの端をワイヤーに重ねて折りたたみ、←→の部分を引っぱって、巻き始めをしっかりとワイヤーに接着させます。
※フラワーテープは表裏関係なく使用でき、引っぱって伸ばすことにより本来の粘着力を発揮します。

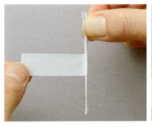

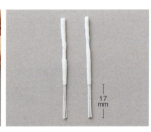

5. テープを引っぱりながら、指先でワイヤーを2〜3周回転させて巻きつけます。

6. 今度はテープを斜め下に引っぱりながら、もう片方の手の指先でワイヤーを回転させて巻きつけていきます。

7. 端まで巻いたら余分なテープは折ってワイヤーに巻きつけてなじませます。

8. 同様にもう1組作り、ワイヤーの先端はニッパーで17mmにカットします。

糸を巻いて成形する

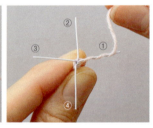

1. 指定の糸（●40）の端を2cmほど、軸（テープの巻いてある部分）に重ねて持ちます。ワイヤーの先を約5mm残して糸端を巻きくるみます。

2. 0.5〜1mmほどすきまを残しながら、足首まで15〜17回巻きます。

3. ペンチを使い、4本のワイヤーの先端を外側に向けて直角に折り曲げます。

4. 裏側に糸をまわし、①〜④の順に指部分を巻いていきます。指の根元から先端に向かって糸を2〜3回巻きます。
※糸は常に同じ方向（右巻きor左巻き）に巻くようにしましょう。

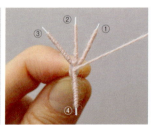

5. 先端の3mm手前で折り返し、今度は根元に向かって10〜12回巻いて戻ります。

6. 残りの②③④も4〜5と同様に巻きます。

7. 4本巻き終わったところ。

7. 指の角度を整えます。

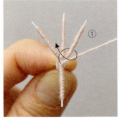   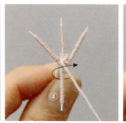 

8 ①〜④の順に、指のつけ根部分に糸を1回ずつ巻きつけて補強します。　　巻き終わりました。

9 軸に糸を戻し、2で残しておいたすきまを埋めるように巻きます。

10 巻き終わりは糸を5cmほど残してカットし、わを作って糸端をくぐらせて引きしめます。

11 引きしめた結び目にボンドを塗ってなじませ、乾いたら余分な糸はカットします。

12 5で糸を巻かずに残しておいたワイヤーの先端は、ペンチを使って裏側に折りたたみます。

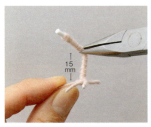   

13 ペンチを使って足首から15mm、次に10mmの箇所で折り曲げます。

14 同様にもう1本作ります。あしが完成しました。

1 あしのつけ位置の糸をかき分けて、根元にボンドをたっぷりつけたら、あしを差し込みます。

2 そのまま乾燥させます。あしがつきました。

◎仕上げのカットをする

はさみを細かく動かし、全体のバランスを見ながらカットをしたら完成です。

チュン

写真を参考に、いろいろな角度から見ながら丁寧に仕上げましょう。置いて飾る場合は、背中側から出た結び糸の結び目部分にボンドを少量つけて短くカットします。その他の楽しみ方はp.56を参照してください。

その他のポイント

◎いろいろなくちばし　この本では水フェルトの技法(p.55参照)を応用して、さまざまな形のくちばしを表現しています。

インコタイプ

【セキセイインコ】
【ボタンインコ】【コザクラインコ】

【オカメインコ】

1　文鳥タイプと同様に、くちばしのフェルトを成形し、乾燥後、はさみでカットして形を整えます(p.46-47参照)。

2　ろう膜を成形し接着したら(p.54参照)、上くちばしの裏にボンドを塗って、ろう膜の下に貼りつけます。

3　下くちばしのフェルトを型紙に合わせてカットし、ボンドで接着したら、その上に上くちばしを接着します。
※くちばしのつけ位置の糸は短くカットしておきます。

4　左の2タイプを参考に、ろう膜→下くちばし→上くちばしの順で接着します。

メジロタイプ

1　文鳥タイプと同様に上下くちばしのフェルトを成形します(p.46 1-5参照)。

2　くちばしの完成写真を参考に2枚同様に形を整えて乾燥させ、はさみでカットして形を整えます。

3　上下のくちばしを重ねて持ち根元部分にボンドを塗ったら、くちばしのつけ位置に差し込みます。

4　メジロタイプのくちばしがつきました。

ひよこタイプ

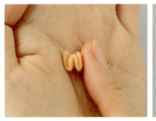

1　上くちばしのフェルトを型紙に合わせてカットし十分に水で濡らしてから、写真のように折りたたみます。

2　折りたたんだ状態がくずれないように手のひらに押しつけながら、型紙の⇔の方向に転がします。
※時々水に濡らしながら作業します。

3　くちばしの完成写真を参考に形を整えます。下くちばしは文鳥タイプと同様に成形して形を整え(p.46 1-9参照)ます。乾いたらはさみでカットして形を整えます。

4　文鳥タイプと同様にくちばしのつけ位置の糸をカットしたら、下くちばし→上くちばしの順で、ボンドを塗って差し込みます(p.47参照)。

ひなタイプ

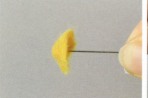

1　くちばしのフェルトを型紙に合わせてカットし十分に水で濡らしてから、まち針の頭を包みます。
※まち針の針先はマスキングテープなどでカバーしておきましょう。

2　フェルトを四方から押しつけながらまち針の頭になじませると、きのこの傘のような形になります。

3　くちばしの先を指でつまみとがらせたら写真のように折りたたんで乾燥させます。折りたたまずに乾かせば、開いた口も表現できます。

4　文鳥タイプと同様にくちばしのつけ位置の糸をカットしたら(p.47参照)、スタンプインクで着色し(p.75ⓐ)、ボンドを塗って貼りつけます。

◎いろいろなあし

ワイヤーの長さや糸の巻き数を変えることで、この本に掲載されているすべての作品のあしを作ることができます。p.50-51の〈文鳥タイプⅠ〉と同様の手順で作業してください。

①〜④の各指のワイヤーの長さと軸の曲げ位置です。(単位：mm)

足首：ワイヤーの折り目から測った足首の位置です。この位置に印をつけてフラワーテープを巻き始めます。

軸：軸部分の糸の巻き数です。

指：①〜④の指の糸の巻き数です。「根元→先端の巻き数／先端→根元の巻き数」の順で記載しています。

※ 巻き方は〈文鳥タイプⅠ〉と同じです。記載の通りに巻き数を増減してください。

文鳥タイプⅡ

足首　：折り目から30mm
軸　　：13〜15回
指　　：2〜3回／8〜10回

文鳥タイプⅢ

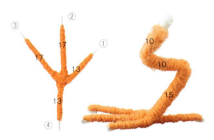

足首　：折り目から35mm
軸　　：15〜17回
指①④：2〜3回／7〜8回
指②③：2〜3回／10〜12回

インコタイプ

足首　：折り目から35mm
軸　　：15〜17回
指①④：2〜3回／8〜10回
指②③：2〜3回／10〜12回

ひよこタイプⅠ

足首　：折り目から35mm
軸　　：15〜17回
指①②③：2〜3回／10〜12回
指④　：2〜3回／8〜10回

ひよこタイプⅡ

足首　：折り目から40mm
軸　　：18〜20回
指①②③：2〜3回／12〜14回
指④　：2〜3回／8〜10回

※ひよこタイプⅠ、Ⅱは、指のつけ根部分の糸を3周巻きます(p.51-8参照)。

◎2本どり、3本どり、4本どりで巻く

2色以上の糸を一緒に巻くことで、鳥の羽根の模様や微妙な色合いを表現することができます。1本どりの場合よりも糸がゆるみやすいため、意識して引きしめながら巻きましょう。巻いているうちに糸がねじれてきますが、気にせずに巻いてかまいません。
糸を巻く回数は、巻き図中の(　)内を参照してください。

2本どり

【ブルー1本＋黒1本】
2色がミックスされて深い色合いになります。

3本どり

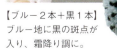

【ブルー2本＋黒1本】
ブルー地に黒の斑点が入り、霜降り調に。

4本どり

【ブルー2本＋黒2本】
2本どりに比べて模様がはっきりと現れます。

※同色の2本どりは、糸玉の外側と内側の糸端をそろえて巻き始めます。

◎ろう膜を作る　くちばしと同様に水フェルトの手法を使って、ろう膜(インコなどの鼻の部分)を作ります。
パールまち針の頭を利用して、丸く成形します。

セキセイインコのろう膜成形する

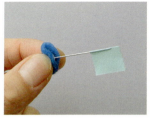

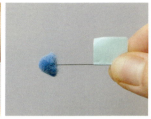

1 指定のフェルトを型紙(巻末)に合わせてカットします。まち針の先はマスキングテープなどでカバーしましょう。

2 フェルトを十分に水で濡らし、まち針の頭をはさみます。

3 まち針の頭を包みこみ、袋の口をしぼるように寄せて指で四方から押さえ、なじませます。

4 フェルトがまち針の頭になじんで、きのこの傘のような形になりました。

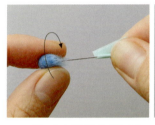

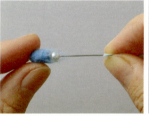

4 フェルトを回しながらさらになじませて、まち針の頭にフィットさせていきます。

フェルトがまち針の頭と一体化しました。

5 まち針を引き抜きます。

6 同様にもう1個成形します。

本体にとりつける

7 6の根元から目打ちを差し込み、ねじのように回しながら貫通させ、1mmほどの穴を開けます。

同様にもう1個も穴を開けて乾かします。ろう膜ができました。根元の毛羽はカットしておきましょう。

8 ろう膜とくちばしのつけ位置の糸を短くカットします。

9 ろう膜の根元にボンドをつけて差し込みます。

オカメインコのろう膜

10 目打ちで根元部分を押し込み、しっかりと接着させます。ろう膜の穴が同じ方向を向くように調整しましょう。

ろう膜がつきました。

1〜7と同様に成形後、穴を開けます。穴径が2mmほどになるように、セキセイインコの場合よりも深く目打ちをねじ込みます。ろう膜本体を目打ちの軸になじませて細長く成形しましょう。乾燥後、根元の毛羽をカットしたら8〜10と同様に接着します。

◎ カットで翼を表現する　カットの目安の写真を参考に、翼になる部分を残し、
そのまわりの糸をカットすることで翼の形を際立たせます。

1 はさみの刃先を使って、翼になる部分の糸と、胴部分の糸を区分けします。

2 翼になる部分の糸を残してとなり合う胴部分の糸を短くカットします。

3 カットしたところ。

翼部分が際立ち、盛り上がって見えます。

◎ 胴を細く整える　この本で紹介している鳥の多くは胴のぽんぽんの丸い形をそのまま活かして仕上げていますが、
胴まわりをさらにカットすることで、シュッとしたフォルムに仕上げることもできます。

1 胴のぽんぽんの面に沿ってはさみを動かします。好みのフォルムになるまで、少しずつカットしましょう。

2 カットしたところ。

胴が細くなり、シャープな印象になりました。

水フェルトによる縮絨※

※圧力や摩擦を加えて収縮させること。

手芸用フェルトの原料であるウールとレーヨンは、水に濡れることで縮む性質を持っています。
この本ではその性質を利用し、摩擦や手の圧力を加えてさらに縮絨、成形することで、
さまざまなパーツを作っています。

1 手芸用フェルト（ウール60％レーヨン40％）を10cm角にカットしたもの。

2 フェルト（成形するパーツ）を水で十分に濡らします。

3 水で濡らした状態。すでに少し縮んでいるのがわかります。

4 端から丸め、手のひらで転がします。水気がなくなってきたら再度濡らして作業します。徐々に力を加えましょう。

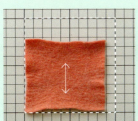  

5 ↕の方向に転がして縮絨したところ。転がした方向に縮んでいるのがわかります。

6 ↔の方向に転がして縮絨したところ。

7 4〜6を繰り返したところ。縦横ともに約20％縮んで、約8cm角になりました。

ここで紹介しているのは、本書用に独自に考案された手法です。このタイプのフェルト（ウール60％、レーヨン40％）は、水濡れにより色落ちする可能性があるので注意してください。

小鳥ぽんぽんの楽しみ方

作った小鳥ぽんぽんを、いつでもそばで
楽しみたいときのひと工夫。キーホルダーやモビールに。
さらにひと手間加えて、お部屋のいろいろな場所に
とまらせてみましょう。

キーホルダー　　材料：二重カン（直径8mm）、ボールチェーン（約10cm）

首の後ろから出ている結び糸のうち1組を二重カンに通し、止め結び→止め結び・逆の順で結びます。
結び目をボンドで補強したら余分な結び糸をカットし、二重カンにボールチェーンを通して完成です。

モビール　　材料：二重カン（直径8mm）、吊るし糸（刺繍糸など／好みの長さ）

キーホルダーの場合と同様に、頭の後ろに二重カンをとりつけます。チェーンを通す代わりに
二重カンに吊るし糸を結びつければ、モビールの完成です。

とまらせる　　材料：フラワー用ワイヤー（36cm×4本）、フラワーテープ（5cm×2枚）、あし用の毛糸

フラワー用ワイヤーはカットせずに長いまま使い、p.50-51を参照してワイヤーをテープで束ね、「糸を巻いて成
形する」の1〜6と同様に軸部分の糸を巻きます。足首まで糸を巻き、4本のワイヤーを外側に折り曲げて広げたら、
指の根元から20mmの箇所に印をつけます。根元から先端に向かって糸を巻き、印部分で折り返したら、先端から
根元に向かって12〜14回巻いて戻ります。4本の指を同様に巻いたら指の角度を整えて、p.51の8〜11、13と同
様に仕上げ、完成です。好きな場所にとまらせて、ワイヤーをねじってとめたら余分な長さはカットします。

文鳥（桜）

→p.9

- ●サイズ（概寸）※あしを除く
  …縦70mm×横58mm×体の長さ98mm
- ●ポンポンメーカー…35mm、55mm
- ●厚紙…60mm×40mm（尾羽A）、50mm×40mm（尾羽B）、
  40mm×45mm（風切羽）
- ●その他…細筆※、クッキングシート※
※くちばしを着色する場合に使用

材料

本体[頭]	：iroiro（○1）（●47）
本体[胴]	：iroiro（○1）（●49）（●50）
結び糸	：（中）…40cm×3本
くちばし	：着色あり…ミニー200（304）、バーサクラフトS（114）
	着色なし…ミニー200（105）
目	：ソリッドアイ（ブラック・4.5mm）…2個
目のまわり	：iroiro（●38）…10cm×1本 ※半分にさいて使用
尾羽A	：iroiro（●47）
尾羽B	：iroiro（○1）
風切羽	：iroiro（●49）
あし	：フラワー用ワイヤー…12cm×4本、フラワーテープ…5cm×2枚、iroiro（●40）

巻き図

頭 35mm
結び目1 ▽
②24
①120
24
③48
24
④96
結び目2 ▲（連結位置）

胴 55mm
②336
40
①48 / 8
③144
24
④240
48
結び目2（連結位置）

作り方

1. 土台のぽんぽんを作る ⇒p.40-43
   [頭]順番に糸を巻く①〜④ → まわりをカットする → 結び糸（中）で中心を結ぶ → 取り出して形を整える
   [胴]順番に糸を巻く①〜④ → まわりをカットする → 結び糸（中）で中心を結ぶ → 取り出して形を整える

2. 頭と胴のぽんぽんを連結させる ⇒p.44

3. 頭と胴の形を作る ⇒p.45
   頭の側面 → 頭の上半分 → 胴の背中側

4. パーツを作る ⇒p.46-51、巻末
   くちばしを作る（文鳥タイプp.46／成形、着色、とりつけ）
   → 目をつける → 目のまわりを囲む
   → 尾羽を作る（厚紙に糸を巻いて結ぶ、フェルティングする、とりつけ）
   → 風切羽を作る（厚紙に糸を巻く、フェルティングする、とりつけ）
   → あしを作る（文鳥タイプⅠp.50／ワイヤーをテープで束ねる、糸を巻いて成形する、とりつけ）

5. 仕上げのカットをする ⇒p.51

巻き終わり

文鳥（白）

→p.9

- ●サイズ（概寸）※あしを除く
  …縦70mm×横58mm×体の長さ98mm
- ●ポンポンメーカー…35mm、55mm
- ●厚紙…60mm×40mm（尾羽A）、50mm×40mm（尾羽B）、
  40mm×45mm（風切羽）
- ●その他…細筆※、クッキングシート※
※くちばしを着色する場合に使用

材料

本体[頭]	: iroiro（○1）
本体[胴]	: iroiro（○1）
結び糸	:（中）…40cm×3本
くちばし	: 着色あり…ミニー200（304）、 バーサクラフトS（114） 着色なし…ミニー200（105）
目	: ソリッドアイ（ブラック・4.5mm）…2個
目のまわり	: iroiro（●38）…10cm×1本 ※半分にさいて使用
尾羽A	: iroiro（○1）
尾羽B	: iroiro（○1）
風切羽	: iroiro（○1）
あし	: フラワー用ワイヤー…12cm×4本、 フラワーテープ…5cm×2枚、 iroiro（●40）

巻き図

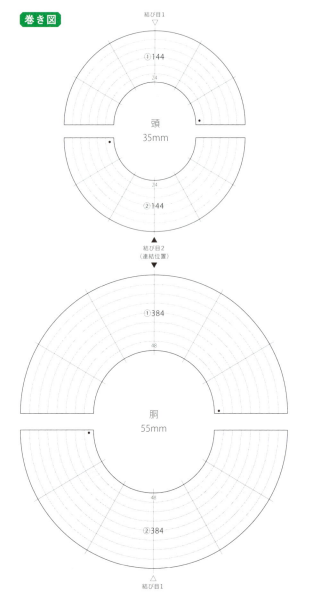

頭 35mm
胴 55mm

作り方

1. 土台のぽんぽんを作る ⇒p.40-43
   [頭] 順番に糸を巻く①〜② → まわりをカットする →
   結び糸（中）で中心を結ぶ → 取り出して形を整える
   [胴] 順番に糸を巻く①〜② → まわりをカットする →
   結び糸（中）で中心を結ぶ → 取り出して形を整える

2. 頭と胴のぽんぽんを連結させる ⇒p.44

3. 頭と胴の形を作る ⇒p.45
   頭の側面 → 頭の上半分 → 胴の背中側

4. パーツを作る ⇒p.46-51、巻末
   くちばしを作る（文鳥タイプp.46／成形、着色、とりつけ）
   → 目をつける → 目のまわりを囲む
   → 尾羽を作る（厚紙に糸を巻いて結ぶ、フェルティングする、
     とりつけ）
   → 風切羽を作る（厚紙に糸を巻く、フェルティングする、
     とりつけ）
   → あしを作る（文鳥タイプⅠp.50／ワイヤーをテープで束ねる、
     糸を巻いて成形する、とりつけ）

5. 仕上げのカットをする ⇒p.51

巻き終わり

文鳥(桜)

カットの目安／パーツのつけ位置

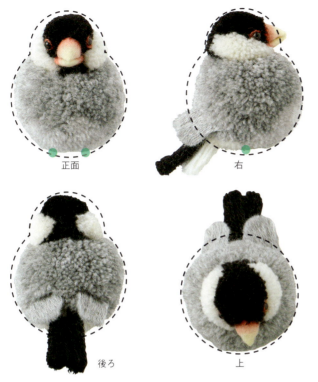

正面　　右
後ろ　　上

パーツの寸法

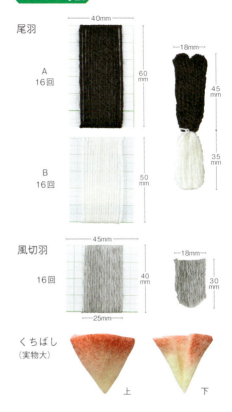

尾羽
A 16回　40mm × 60mm　18mm × 45mm / 35mm

B 16回　50mm

風切羽
16回　45mm × 40mm　18mm × 30mm
25mm

くちばし（実物大）
上　下

文鳥(白)

カットの目安／パーツのつけ位置

正面　　右
後ろ　　上

パーツの寸法

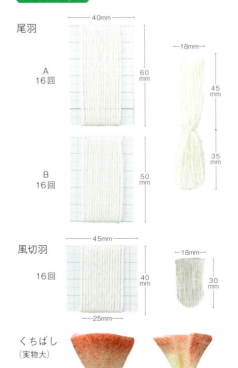

尾羽
A 16回　40mm × 60mm　18mm × 45mm / 35mm

B 16回　50mm

風切羽
16回　45mm × 40mm　18mm × 30mm
25mm

くちばし（実物大）
上　下

セキセイインコ（レインボー）

→p.10

材料

部位	材料
本体[頭]	：iroiro（○1）（● 13）（● 32）
本体[胴]	：iroiro（○1）（● 21）（● 22）（● 48）
結び糸	：（中）…40cm×3本
くちばし	：ミニー200（333）
ろう膜	：ミニー200（553）
目	：ソリッドアイ（ブラック・4.5mm）…2個
目のまわり	：iroiro（○1）…10cm×1本 ※半分にさいて使用
尾羽A	：iroiro（● 48）
尾羽B	：iroiro（● 22）
風切羽	：iroiro（● 21）（● 48）
あし	：フラワー用ワイヤー…12cm×4本、フラワーテープ…5cm×2枚、iroiro（● 40）

● サイズ（概寸）※あしを除く
　…縦70mm×横58mm×体の長さ98mm
● ポンポンメーカー…35mm、55mm
● 厚紙…60mm×40mm（尾羽A）、50mm×40mm（尾羽B）、40mm×45mm（風切羽）
● その他…パールまち針

作り方

1. 土台のぽんぽんを作る ⇒p.40-43、p.53
   [頭]順番に糸を巻く①～⑤ → まわりをカットする → 結び糸（中）で中心を結ぶ → 取り出して形を整える
   [胴]順番に糸を巻く①～⑥ → まわりをカットする → 結び糸（中）で中心を結ぶ → 取り出して形を整える

2. 頭と胴のぽんぽんを連結させる ⇒p.44

3. 頭と胴の形を作る ⇒p.45、p.62
   頭の側面 → 頭の上半分 → 首元の白い糸をカットする（p.62）
   → 胴の背中側

4. パーツを作る ⇒p.46-54、下記、巻末
   くちばしを作る（インコタイプp.52／成形）→ ろう膜を作る（成形）
   → ろう膜、くちばしの順でとりつける → 目をつける
   → 目のまわりを囲む
   → 尾羽を作る（厚紙に糸を巻いて結ぶ、フェルティングする、とりつけ）
   → 風切羽を作る（厚紙に糸を巻くⓐ、フェルティングする、とりつけ）
   → あしを作る（インコタイプp.53／ワイヤーをテープで束ねる、糸を巻いて成形する、とりつけ）

5. 仕上げのカットをする ⇒p.51

巻き図

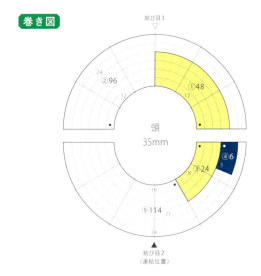

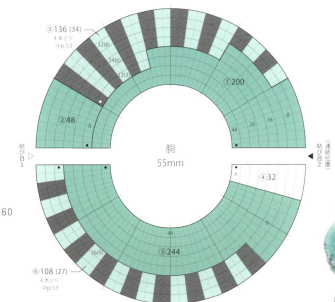

風切羽の厚紙（p.49参照）の中央に、5mm間隔で切り込みを2箇所増やし、（● 21）の糸をAからCまで8回、（● 48）の糸をBからDまで8回巻く。

巻き終わり

セキセイインコ（コバルトブルー）

→p.10

- サイズ（概寸）※あしを除く
  …縦70mm×横58mm×体の長さ98mm
- ポンポンメーカー…35mm、55mm
- 厚紙…60mm×40mm（尾羽A）、50mm×40mm（尾羽B）、
  40mm×45mm（風切羽）
- その他…パールまち針

材料

本体[頭]	: iroiro（○1）（●13）
本体[胴]	: iroiro（○1）（●18）（●20）（●47）
結び糸	:（中）…40cm×3本
くちばし	: ミニー200（333）
ろう膜	: ミニー200（110）
目	: ソリッドアイ（ブラック・4.5mm）…2個
目のまわり	: iroiro（○1）…10cm×1本 ※半分にさいて使用
尾羽A	: iroiro（●47）
尾羽B	: iroiro（●18）
風切羽	: iroiro（●20）（●47）
あし	: フラワー用ワイヤー…12cm×4本、 フラワーテープ…5cm×2枚、 iroiro（●40）

巻き図

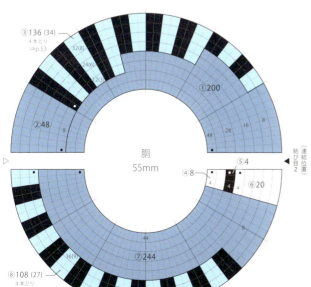

作り方

1. 土台のぽんぽんを作る ⇒p.40-43、p.53
   [頭]順番に糸を巻く①〜④ → まわりをカットする →
   結び糸（中）で中心を結ぶ → 取り出して形を整える
   [胴]順番に糸を巻く①〜⑧ → まわりをカットする →
   結び糸（中）で中心を結ぶ → 取り出して形を整える

2. 頭と胴のぽんぽんを連結させる ⇒p.44

3. 頭と胴の形を作る ⇒p.45、p.62
   頭の側面 → 頭の上半分 → 首元の白い糸をカットする（p.62）
   → 胴の背中側

4. パーツを作る ⇒p.46-54、p.60、巻末
   くちばしを作る（インコタイプp.52／成形）→ ろう膜を作る（成形）
   → ろう膜、くちばしの順でとりつける → 目をつける
   → 目のまわりを囲む
   → 尾羽を作る（厚紙に糸を巻いて結ぶ、フェルティングする、
     とりつけ）
   → 風切羽を作る（厚紙に糸を巻くp.60ⓐ、フェルティングする、
     とりつけ）
   → あしを作る（インコタイプp.53／ワイヤーをテープで束ねる、
     糸を巻いて成形する、とりつけ）

5. 仕上げのカットをする ⇒p.51

巻き終わり

セキセイインコ（レインボー）

カットの目安／パーツのつけ位置

首元の白い糸は左右に分けてカットする

正面　右　後ろ　上

パーツの寸法

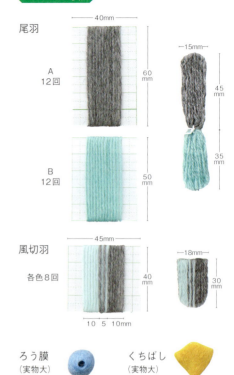

尾羽
A 12回　40mm×60mm
B 12回　50mm
15mm／45mm／35mm

風切羽
各色8回　45mm×40mm
10 5 10mm
18mm×30mm

ろう膜（実物大）　くちばし（実物大）

セキセイインコ（コバルトブルー）

カットの目安／パーツのつけ位置

首元の白い糸は左右に分けてカットする

正面　右　後ろ　上

パーツの寸法

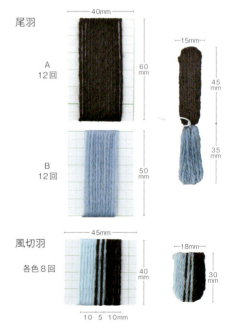

尾羽
A 12回　40mm×60mm
B 12回　50mm
15mm／45mm／35mm

風切羽
各色8回　45mm×40mm
10 5 10mm
18mm×30mm

ろう膜（実物大）　くちばし（実物大）

カナリア

→p.11

- ●サイズ(概寸) ※あしを除く
  …縦70mm×横58mm×体の長さ98mm
- ●ポンポンメーカー…35mm、55mm
- ●厚紙…60mm×40mm(尾羽A)、50mm×40mm(尾羽B)、
  40mm×45mm(風切羽)

材料

本体[頭]	：iroiro（●31）
本体[胴]	：iroiro（●31）（●33）
結び糸	：(中)…40cm×3本
くちばし	：ミニー200(301)
目	：ソリッドアイ(ブラック・4.5mm)…2個
目のまわり	：iroiro（●33）…10cm×1本 ※半分にさいて使用
尾羽A	：iroiro（●33）
尾羽B	：iroiro（●33）
風切羽	：iroiro（●33）
あし	：フラワー用ワイヤー…12cm×4本、フラワーテープ…5cm×2枚、iroiro（●40）

巻き図

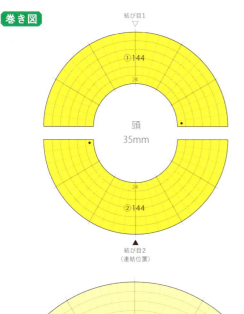

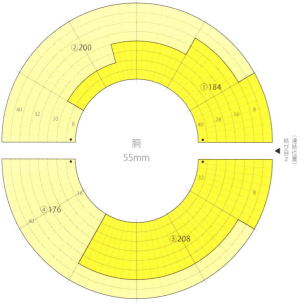

作り方

1. 土台のぽんぽんを作る ⇒p.40-43
   [頭] 順番に糸を巻く①～② → まわりをカットする → 結び糸(中)で中心を結ぶ → 取り出して形を整える
   [胴] 順番に糸を巻く①～④ → まわりをカットする → 結び糸(中)で中心を結ぶ → 取り出して形を整える

2. 頭と胴のぽんぽんを連結させる ⇒p.44

3. 頭と胴の形を作る ⇒p.45
   頭の側面 → 頭の上半分 → 胴の背中側

4. パーツを作る ⇒p.46-51、巻末
   くちばしを作る(文鳥タイプp.46／成形、とりつけ)
   → 目をつける → 目のまわりを囲む
   → 尾羽を作る(厚紙に糸を巻いて結ぶ、フェルティングする、とりつけ)
   → 風切羽を作る(厚紙に糸を巻く、フェルティングする、とりつけ)
   → あしを作る(文鳥タイプⅠp.50／ワイヤーをテープで束ねる、糸を巻いて成形する、とりつけ)

5. 仕上げのカットをする ⇒p.51

巻き終わり

キンカチョウ

→p.12

- ●サイズ（概寸）※あしを除く
  …縦70mm×横58mm×
  体の長さ93mm
- ●ポンポンメーカー…35mm、55mm
- ●厚紙…50mm×40mm（尾羽B)、
  40mm×45mm（風切羽）

材料

本体[頭]	: iroiro (○1) (● 36) (● 47) (● 49)
本体[胴]	: iroiro (○1) (● 47) (● 49)、 原毛に近いメリノウール(● 18)
結び糸	: (中)…40cm × 3本
くちばし	: ミニー200 (139)
目	: ソリッドアイ（ブラック・4.5mm）…2個
目のまわり	: iroiro (● 49)…10cm×1本 ※半分にさいて使用
尾羽A	: ミニー200 (701) (790)
尾羽B	: iroiro (○1)
風切羽	: iroiro (● 47)
あし	: フラワー用ワイヤー…12cm×4本、 フラワーテープ…5cm×2枚、 iroiro (● 36)

巻き図

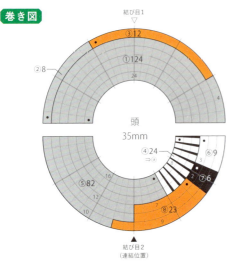

作り方

1. 土台のぽんぽんを作る ⇒p.40-43、下記
   [頭]順番に糸を巻く①～⑧/ⓐ → まわりをカットする →
   結び糸(中)で中心を結ぶ → 取り出して形を整える
   [胴]順番に糸を巻く①～⑥ → まわりをカットする →
   結び糸(中)で中心を結ぶ → 取り出して形を整える

2. 頭と胴のぽんぽんを連結させる ⇒p.44

3. 頭と胴の形を作る ⇒p.45
   頭の側面 → 頭の上半分 → 胴の背中側

4. パーツを作る ⇒p.46-51、p.53、下記、巻末
   くちばしを作る（文鳥タイプ p.46／成形、とりつけ）
   → 目をつける → 目のまわりを囲む
   → 尾羽を作る（尾羽Aはフェルトで作るⓑ、尾羽Bは厚紙に糸を巻
     いて結びフェルティングする、尾羽B、尾羽Aの順でとりつけ)
   → 風切羽を作る（厚紙に糸を巻く、フェルティングする、とりつけ)
   → あしを作る（文鳥タイプⅠp.50／ワイヤーをテープで束ねる、
     糸を巻いて成形する、とりつけ)

5. 仕上げのカットをする ⇒p.51

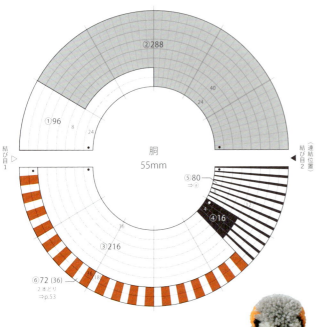

巻き終わり

(●47)の糸を40cm×4本用意する。それぞれを1/4にさき、
計16本になった糸をつぎ足しながら(○1)の糸と2本どりで巻く。

尾羽Aのフェルトを型紙(巻末)に合わせてカットし、4枚重ねてボンド
で接着する。尾羽Bを毛糸とじ針でとりつけた後、尾羽Aの根元にボン
ドを塗り、尾羽Bの上に差し込む。

カナリア

カットの目安／パーツのつけ位置

正面 　右 　後ろ 　上

パーツの寸法

尾羽
A 12回 40mm × 60mm　15mm / 45mm / 35mm
B 12回 50mm

風切羽
16回 45mm × 40mm（25mm）　18mm × 30mm

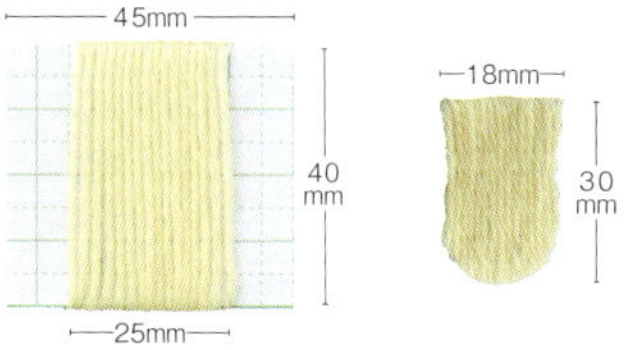

くちばし（実物大）
上　下

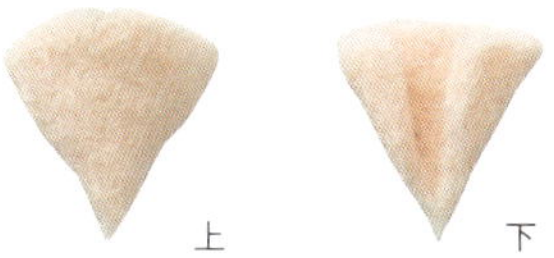

キンカチョウ

カットの目安／パーツのつけ位置

正面 　右 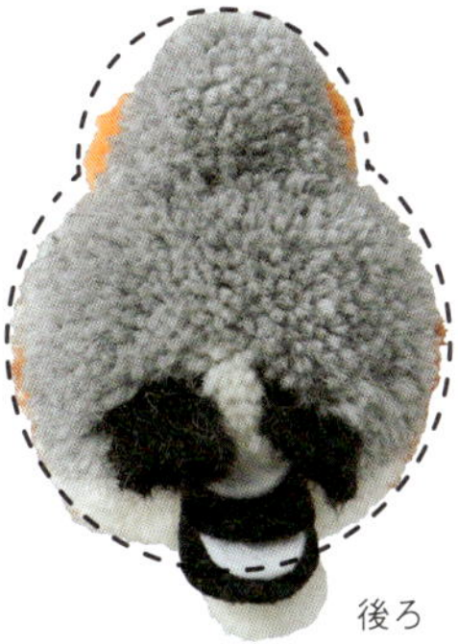　後ろ 　上

パーツの寸法

尾羽
A　18mm × 30mm
B 16回 40mm × 50mm　18mm × 35mm

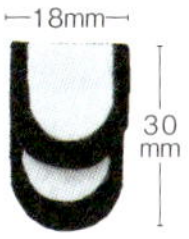

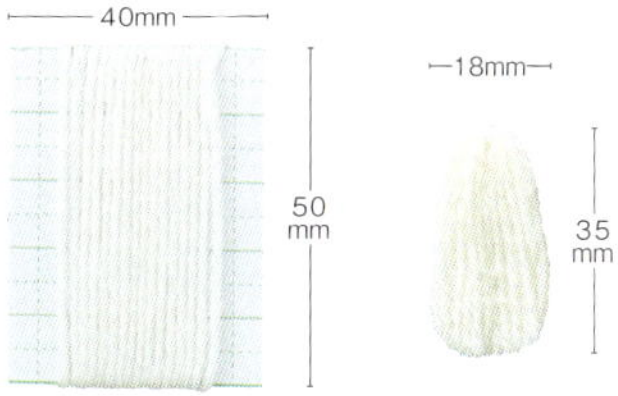

風切羽
16回 45mm × 40mm（25mm）　18mm × 30mm

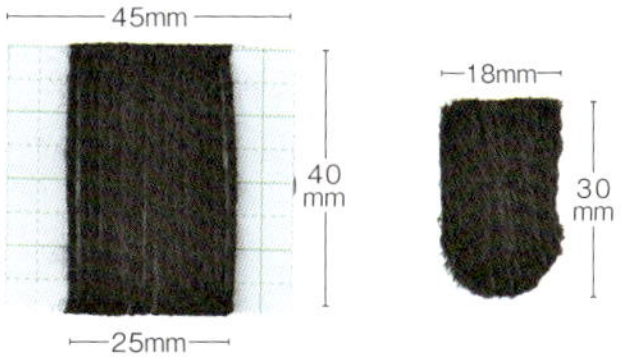

くちばし（実物大）
上　下

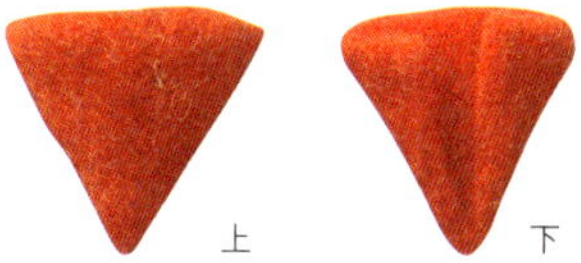

オカメインコ（ノーマル）

→p.13

- ●サイズ（概寸）※あしを除く
  …縦75mm×横65mm×
  体の長さ130mm
- ●ポンポンメーカー…35mm、65mm
- ●厚紙…70mm×40mm（尾羽A）、
  60mm×40mm（尾羽B）、
  40mm×45mm（風切羽）
- ●その他…パールまち針

材料

本体[頭]	: iroiro（●33）（●36）（●49）
本体[胴]	: iroiro（○1）（●49）、
結び糸	:（中）…40cm×3本
くちばし	: ミニー200（771）
ろう膜	: ミニー200（771）
目	: ソリッドアイ（ブラック・4.5mm）…2個
目のまわり	: iroiro（●49）…10cm×1本 ※半分にさいて使用
冠羽	: iroiro（●33）…5cm×6本、7cm×3本 （●49）…7cm×3本
尾羽A	: iroiro（●49）
尾羽B	: iroiro（●48）
風切羽	: iroiro（●49）
あし	: フラワー用ワイヤー…12cm×4本、 フラワーテープ…5cm×2枚、 iroiro（●40）

巻き図

作り方

1. 土台のぽんぽんを作る ⇒p.40-43、p.53

   [頭]順番に糸を巻く①〜⑥ → まわりをカットする →
   結び糸（中）で中心を結ぶ → 取り出して形を整える
   [胴]順番に糸を巻く①〜③ → まわりをカットする →
   結び糸（中）で中心を結ぶ → 取り出して形を整える

2. 頭と胴のぽんぽんを連結させる ⇒p.44

3. 頭と胴の形を作る ⇒p.45、p.55

   頭の側面 → 頭の上半分 → 胴の背中側 → カットで翼を表現する

4. パーツを作る ⇒p.46-54、下記、巻末

   くちばしを作る（インコタイプp.52／成形）
   → ろう膜を作る（成形）→ ろう膜、くちばしの順でとりつける
   → 目をつける → 目のまわりを囲む → 冠羽を作る ⓐⓑ
   → 尾羽を作る（厚紙に糸を巻いて結ぶ、フェルティングする、
     とりつけ）
   → 風切羽を作る（厚紙に糸を巻く、フェルティングする、とりつけ）
   → あしを作る（インコタイプp.53／ワイヤーをテープで束ねる、
     糸を巻いて成形する、とりつけ）

5. 仕上げのカットをする ⇒p.51

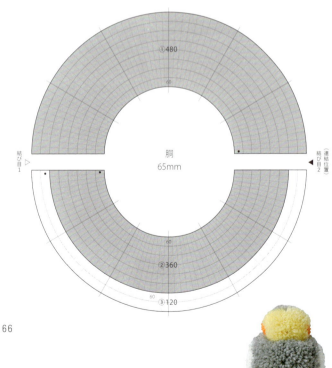
巻き終わり

（●33）（●49）の糸を指定の長さ×本数カットし、3本ずつ水に濡らして手のひらで転がしフェルト化させる。

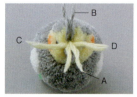

ⓐのA〜Dの順に、フェルティングニードルでろう膜の上に刺しつける。

オカメインコ（ルチノー）

→p.13

- ●サイズ（概寸）※あしを除く
  …縦75mm×横65mm×体の長さ130mm
- ●ポンポンメーカー…35mm、65mm
- ●厚紙…70mm×40mm（尾羽A）、60mm×40mm（尾羽B）、
  40mm×45mm（風切羽）
- ●その他…パールまち針

材料

本体[頭]	：iroiro（●31）（○33）（●36）
本体[胴]	：iroiro（○1）（○33）
結び糸	：（中）…40cm×3本
くちばし	：ミニー200（301）
ろう膜	：ミニー200（301）
目	：ソリッドアイ（ブラック・4.5mm）…2個
目のまわり	：iroiro（○1）…10cm×1本 ※半分にさいて使用
冠羽	：iroiro（●31）…5cm×6本、7cm×6本
尾羽A	：iroiro（○1）
尾羽B	：iroiro（○33）
風切羽	：iroiro（○1）
あし	：フラワー用ワイヤー…12cm×4本、 フラワーテープ…5cm×2枚、 iroiro（●40）

巻き図

頭 35mm
- ①36
- ②108
- ③64
- ④64
- ⑤16

結び目1 / 結び目2（連結位置）

胴 65mm
- ①240（120）2本どり⇒p.53
- ②240
- ③360（180）2本どり⇒p.53
- ④120

作り方

1. 土台のぽんぽんを作る ⇒p.40-43、p.53
   [頭]順番に糸を巻く①〜⑤ → まわりをカットする →
   結び糸（中）で中心を結ぶ → 取り出して形を整える
   [胴]順番に糸を巻く①〜④ → まわりをカットする →
   結び糸（中）で中心を結ぶ → 取り出して形を整える

2. 頭と胴のぽんぽんを連結させる ⇒p.44

3. 頭と胴の形を作る ⇒p.45、p.55
   頭の側面 → 頭の上半分 → 胴の背中側 → カットで翼を表現する

4. パーツを作る ⇒p.46-54、p.66、巻末
   くちばしを作る（インコタイプp.52／成形）
   → ろう膜を作る（成形） → ろう膜、くちばしの順にとりつける
   → 目をつける → 目のまわりを囲む → 冠羽を作るp.66 ⓐⓑ
   → 尾羽を作る（厚紙に糸を巻いて結ぶ、フェルティングする、
   とりつけ）
   → 風切羽を作る（厚紙に糸を巻く、フェルティングする、とりつけ）
   → あしを作る（インコタイプp.53／ワイヤーをテープで束ねる、
   糸を巻いて成形する、とりつけ

5. 仕上げのカットをする ⇒p.51

巻き終わり

オカメインコ（ノーマル）

カットの目安／パーツのつけ位置

正面　右　後ろ　上

パーツの寸法

尾羽
A 12回　40mm × 70mm　15mm × 55mm
B 12回　60mm　45mm

風切羽
16回　45mm × 40mm　18mm × 30mm
25mm

ろう膜（実物大）　くちばし（実物大）　下　上

オカメインコ（ルチノー）

カットの目安／パーツのつけ位置

正面　右　後ろ　上

パーツの寸法

尾羽
A 12回　40mm × 70mm　15mm × 55mm
B 12回　60mm　45mm

風切羽
16回　45mm × 40mm　18mm × 30mm
25mm

ろう膜（実物大）　くちばし（実物大）　下　上

コザクラインコ

→p.16

- ●サイズ（概寸）※あしを除く
  …縦70mm×横58mm×体の長さ88mm
- ●ポンポンメーカー…35mm、55mm
- ●厚紙…40mm×40mm（尾羽A）、50mm×40mm（尾羽B）、
  40mm×45mm（風切羽）

材料

本体[頭]	: iroiro（●27）（●38）（●39）
本体[胴]	: iroiro（●15）（●24）（●27）（●28）（●39）
結び糸	:（中）…40cm×3本
くちばし	: ミニー200（304）
目	: ソリッドアイ（ブラック・5mm）…2個
目のまわり	: iroiro（○1）…10cm×1本 ※半分にさいて使用
尾羽A	: iroiro（●15）
尾羽B	: iroiro（●24）
風切羽	: iroiro（●47）
あし	: フラワー用ワイヤー…12cm×4本、 フラワーテープ…5cm×2枚、 iroiro（●49）

巻き図

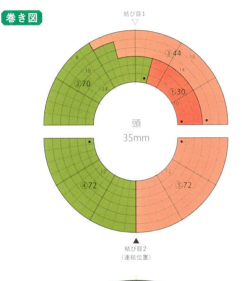

作り方

1. 土台のぽんぽんを作る ⇒p.40-43
   [頭]順番に糸を巻く①～⑤ → まわりをカットする →
   結び糸（中）で中心を結ぶ → 取り出して形を整える
   [胴]順番に糸を巻く①～⑦ → まわりをカットする →
   結び糸（中）で中心を結ぶ → 取り出して形を整える

2. 頭と胴のぽんぽんを連結させる ⇒p.44

3. 頭と胴の形を作る ⇒p.45、p.55
   頭の側面 → 頭の上半分 → 胴の背中側 → カットで翼を表現する

4. パーツを作る ⇒p.46-53、巻末
   くちばしを作る（インコタイプp.52／成形、とりつけ）
   → 目をつける → 目のまわりを囲む
   → 尾羽を作る（厚紙に糸を巻いて結ぶ、フェルティングする、
      とりつけ）
   → 風切羽を作る（厚紙に糸を巻く、フェルティングする、とりつけ）
   → あしを作る（インコタイプp.53／ワイヤーをテープで束ねる、
      糸を巻いて成形する、とりつけ）

5. 仕上げのカットをする ⇒p.51

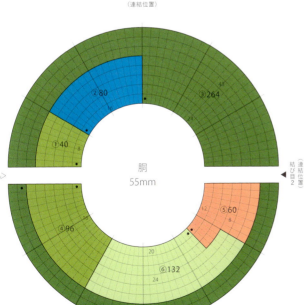

巻き終わり

ボタンインコ

→p.17

- ●サイズ（概寸）※あしを除く
  …縦70mm×横58mm×体の長さ88mm
- ●ポンポンメーカー…35mm、55mm
- ●厚紙…40mm×40mm（尾羽A）、50mm×40mm（尾羽B）、40mm×45mm（風切羽）

材料

本体[頭]	: iroiro（○1）（●9）（●10）（●11）
本体[胴]	: iroiro（○1）（●21）（●22）
結び糸	:（中）…40cm×3本
くちばし	: ミニー200（110）
目	: ソリッドアイ（ブラック・5mm）…2個
目のまわり	: iroiro（○1）…10cm×2本
尾羽A	: iroiro（●22）
尾羽B	: iroiro（●21）
風切羽	: iroiro（●11）
あし	: フラワー用ワイヤー…12cm×4本、フラワーテープ…5cm×2枚、iroiro（●49）

巻き図

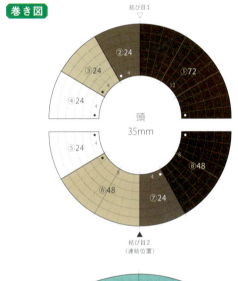

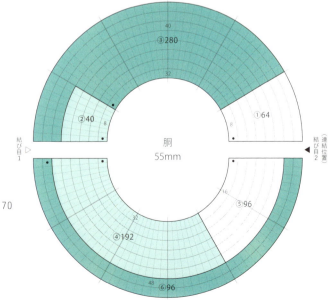

作り方

1. 土台のぽんぽんを作る ⇒p.40-43
   [頭]順番に糸を巻く①〜⑧ → まわりをカットする → 結び糸（中）で中心を結ぶ → 取り出して形を整える
   [胴]順番に糸を巻く①〜⑥ → まわりをカットする → 結び糸（中）で中心を結ぶ → 取り出して形を整える
2. 頭と胴のぽんぽんを連結させる ⇒p.44
3. 頭と胴の形を作る ⇒p.45、p.55
   頭の側面 → 頭の上半分 → 胴の背中側 → カットで翼を表現する
4. パーツを作る ⇒p.46-53、下記、巻末
   くちばしを作る（インコタイプp.52／成形、とりつけ）
   → 目をつける → 目のまわりを囲む ⓐ
   → 尾羽を作る（厚紙に糸を巻いて結ぶ、フェルティングする、とりつけ）
   → 風切羽を作る（厚紙に糸を巻く、フェルティングする、とりつけ）
   → あしを作る（インコタイプp.53／ワイヤーをテープで束ねる、糸を巻いて成形する、とりつけ）
5. 仕上げのカットをする ⇒p.51

ⓐ（○1）の糸を10cm×2本用意し、フェルティングニードルで目頭→目尻の順に刺しつけながら目の周りを3〜4周囲んだら、余分な糸をカットする。

巻き終わり

コザクラインコ

カットの目安／パーツのつけ位置

正面　右
後ろ　上

パーツの寸法

尾羽
A 16回 40mm × 40mm
18mm / 25mm / 35mm

B 16回 50mm

風切羽
45mm × 40mm
16回
25mm
18mm × 30mm

くちばし（実物大）
上　下

ボタンインコ

カットの目安／パーツのつけ位置

正面　右
後ろ　上

パーツの寸法

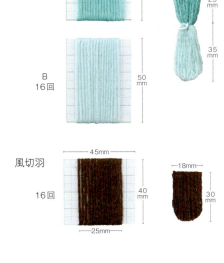

尾羽
A 16回 40mm × 40mm
18mm / 25mm / 35mm

B 16回 50mm

風切羽
45mm × 40mm
16回
25mm
18mm × 30mm

くちばし（実物大）

上　下

スズメ（親）

→p.18

- ●サイズ（概寸）※あしを除く
  …縦70mm×横58mm×体の長さ98mm
- ●ポンポンメーカー…35mm、55mm
- ●厚紙…60mm×40mm（尾羽A）、40mm×40mm（尾羽B）、40mm×45mm（風切羽）

材料

本体[頭]	：iroiro（○1）（●11）（●47）
本体[胴]	：iroiro（○1）（　2）（●7）（●47）
結び糸	：（中）…40cm×3本
くちばし	：ミニー200（790）
目	：ソリッドアイ（ブラック・4.5mm）…2個
尾羽A	：iroiro（●7）（●47）
尾羽B	：iroiro（　2）
風切羽	：iroiro（●7）（●47）
あし	：フラワー用ワイヤー…12cm×4本、フラワーテープ…5cm×2枚、iroiro（●40）

巻き図

作り方

1. 土台のぽんぽんを作る ⇒p.40-43、p.53

   [頭]順番に糸を巻く①〜⑦ → まわりをカットする → 結び糸（中）で中心を結ぶ → 取り出して形を整える

   [胴]順番に糸を巻く①〜⑮ → まわりをカットする → 結び糸（中）で中心を結ぶ → 取り出して形を整える

2. 頭と胴のぽんぽんを連結させる ⇒p.44

3. 頭と胴の形を作る ⇒p.45

   頭の側面 → 頭の上半分 → 胴の背中側

4. パーツを作る ⇒p.46-51、p.60、巻末

   くちばしを作る（文鳥タイプp.46／成形、とりつけ）
   → 目をつける
   → 尾羽を作る（厚紙に糸を巻いて結ぶ、フェルティングする、とりつけ）
   → 風切羽を作る（厚紙に糸を巻くp.60 ⓐ、フェルティングする、とりつけ）
   → あしを作る（文鳥タイプⅠp.50／ワイヤーをテープで束ねる、糸を巻いて成形する、とりつけ）

5. 仕上げのカットをする ⇒p.51

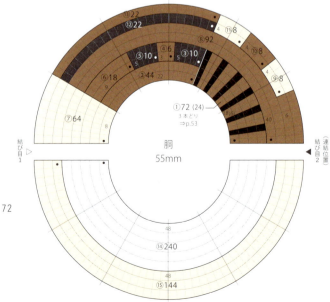

巻き終わり

ウソ

→p.19

- ●サイズ（概寸）※あしを除く
  …縦70mm×横58mm×体の長さ98mm
- ●ポンポンメーカー…35mm、55mm
- ●厚紙…60mm×40mm（尾羽A）、40mm×40mm（尾羽B）、40mm×45mm（風切羽）

材料

本体[頭]	：iroiro（●39）（●47）（●49）
本体[胴]	：iroiro（○1）（●47）（●49）（ 50）
結び糸	：（中）…40cm×3本
くちばし	：ミニー200（790）
目	：ソリッドアイ（ブラック・4.5mm）…2個
尾羽A	：iroiro（●47）
尾羽B	：iroiro（○1）
風切羽	：iroiro（●47）
あし	：フラワー用ワイヤー…12cm×4本、フラワーテープ…5cm×2枚、iroiro（●49）

巻き図

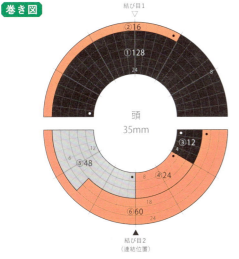

作り方

1. 土台のぽんぽんを作る ⇒p.40-43

   [頭]順番に糸を巻く①～⑥ → まわりをカットする → 結び糸（中）で中心を結ぶ → 取り出して形を整える
   [胴]順番に糸を巻く①～④ → まわりをカットする → 結び糸（中）で中心を結ぶ → 取り出して形を整える

2. 頭と胴のぽんぽんを連結させる ⇒p.44

3. 頭と胴の形を作る ⇒p.45

   頭の側面 → 頭の上半分 → 胴の背中側

4. パーツを作る ⇒p.46-51、巻末

   くちばしを作る（文鳥タイプp.46／成形、とりつけ）
   → 目をつける
   → 尾羽を作る（厚紙に糸を巻いて結ぶ、フェルティングする、とりつけ）
   → 風切羽を作る（厚紙に糸を巻く、フェルティングする、とりつけ）
   → あしを作る（文鳥タイプⅠp.50／ワイヤーをテープで束ねる、糸を巻いて成形する、とりつけ）

5. 仕上げのカットをする ⇒p.51

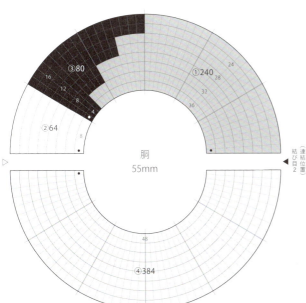

巻き終わり

スズメ（親）

カットの目安／パーツのつけ位置

正面 　右 　後ろ 　上

パーツの寸法

尾羽
A
2本どり
8回
40mm / 60mm / 18mm / 45mm / 25mm / 15mm

B
12回
40mm

風切羽
各色8回
45mm / 40mm / 18mm / 30mm
10 5 10mm

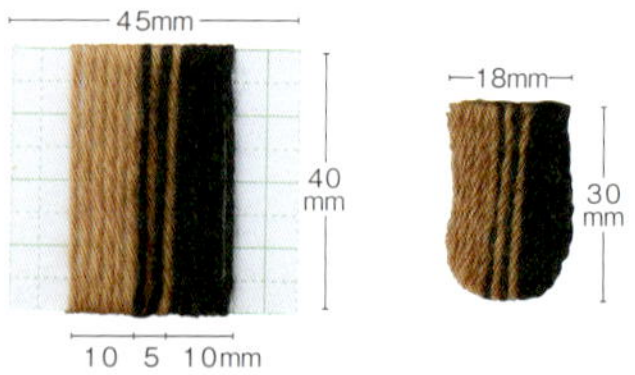

くちばし
（実物大）
上　下

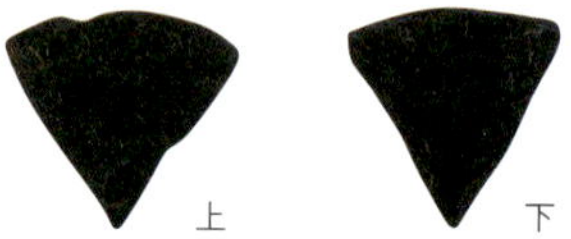

ウソ

カットの目安／パーツのつけ位置

正面 　右 　後ろ 　上

パーツの寸法

尾羽
A
16回
40mm / 60mm / 18mm / 45mm / 25mm / 15mm

B
12回
40mm

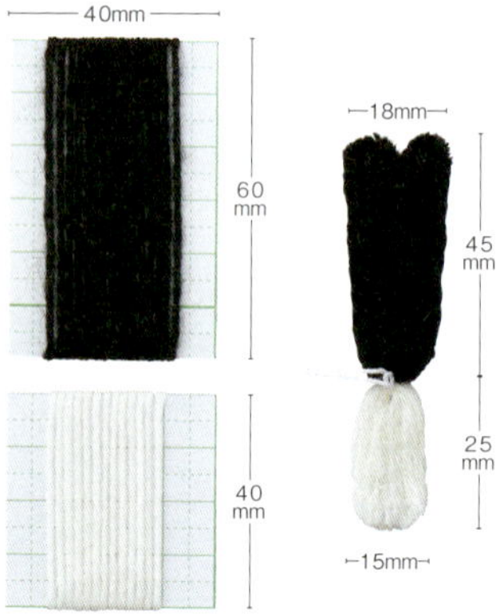

風切羽
16回
45mm / 40mm / 18mm / 30mm
25mm

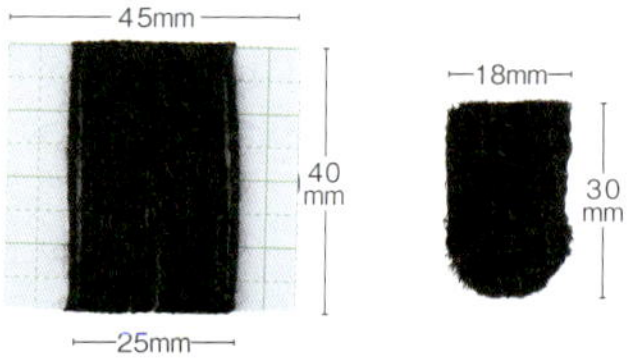

くちばし
（実物大）
上　下

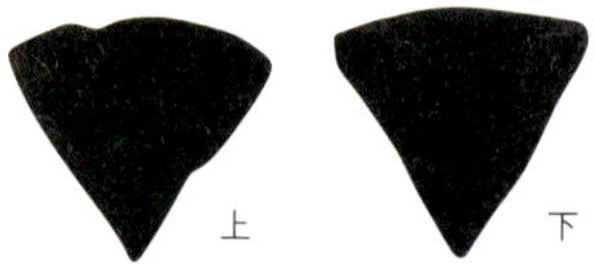

スズメ（ひな）

→p.18

● サイズ（概寸）※あしを除く
　…縦53mm×横50mm×体の長さ65mm
● ポンポンメーカー…25mm、45mm
● 厚紙…40mm×40mm（尾羽）
● その他…パールまち針、アイロン

材料

本体[頭]	: iroiro（ 2）（● 10）（● 47）
本体[胴]	: iroiro（ 2）（● 7）（● 9）（● 47）
結び用糸	: 25mm：（細）…30cm×1本
	45mm：（中）…40cm×2本
くちばし	: ミニー200（333）、バーサクラフトS（182）
目	: ソリッドアイ（ブラック・3.5mm）…2個
頬の斑	: iroiro（● 10）…5cm×2本
尾羽	: iroiro（● 10）
あし	: フラワー用ワイヤー…9cm×4本、
	フラワーテープ…4cm×2枚、
	iroiro（● 40）

巻き図

作り方

1. 土台のぽんぽんを作る ⇒p.40-43、p.53
   [頭] 順番に糸を巻く①～⑤ → まわりをカットする → 結び糸（細）で中心を結ぶ → 取り出して形を整える
   [胴] 順番に糸を巻く①～⑥ → まわりをカットする → 結び糸（中）で中心を結ぶ → 取り出して形を整える

2. 頭と胴のぽんぽんを連結させる ⇒p.44

3. 頭と胴の形を作る ⇒p.45、p.55
   頭の側面 → 頭の上半分 → 胴の背中側 → カットで翼を表現する

4. パーツを作る ⇒p.46-53、下記、巻末
   くちばしを作る（ひなタイプp.52／成形、着色ⓐ、とりつけ）
   → 目をつける → 頬に斑を入れるⓑ
   → 尾羽を作る（厚紙に糸を巻いて結ぶ、フェルティングする、とりつけ）
   → あしを作る（文鳥タイプⅡp.53／ワイヤーをテープで束ねる、糸を巻いて成形する、とりつけ）

5. 仕上げのカットをする ⇒p.51

ⓐ くちばしが乾いてからスタンプインクで着色し、仕上げにかるくアイロンをあてる。

ⓑ（● 10）の糸を各1本ずつ、ニードルで両頬に刺しつけて斑を入れ、余った糸はカットする。

巻き終わり

ツバメ（ひな）

→p.31

● サイズ（概寸）※あしを除く
　…縦53mm×横48mm×体の長さ65mm
● ポンポンメーカー…25mm、45mm
● 厚紙…40mm×40mm（尾羽）
● その他…パールまち針、アイロン

材料

本体[頭]	: iroiro（●11）（●39）
本体[胴]	: iroiro（○1）（●9）（●11）（●39）
結び糸	: 25mm：（細）…30cm×1本
	45mm：（中）…40cm×2本
くちばし	: ミニー200（331）、バーサクラフトS（182）
目	: ソリッドアイ（ブラック・3.5mm）…2個
尾羽	: iroiro（●11）
あし	: フラワー用ワイヤー…9cm×4本、
	フラワーテープ…4cm×2枚、
	iroiro（●11）

巻き図

作り方

1. 土台のぽんぽんを作る ⇒p.40-43
   [頭]順番に糸を巻く①〜③ → まわりをカットする → 結び糸（細）で中心を結ぶ → 取り出して形を整える
   [胴]順番に糸を巻く①〜⑨ → まわりをカットする → 結び糸（中）で中心を結ぶ → 取り出して形を整える

2. 頭と胴のぽんぽんを連結させる ⇒p.44

3. 頭と胴の形を作る ⇒p.45、p.55
   頭の側面 → 頭の上半分 → 胴の背中側 → カットで翼を表現する

4. パーツを作る ⇒p.46-53、p.75、巻末
   くちばしを作る（ひなタイプp.52／成形、着色p.75ⓐ、とりつけ）
   → 目をつける
   → 尾羽を作る（厚紙に糸を巻いて結ぶ、フェルティングする、とりつけ）
   → あしを作る（文鳥タイプⅡ p.53／ワイヤーをテープで束ねる、糸を巻いて成形する、とりつけ）

5. 仕上げのカットをする ⇒p.51

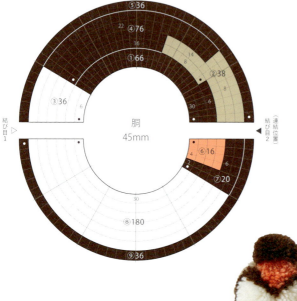

巻き終わり

スズメ（ひな）

カットの目安／パーツのつけ位置

正面

右

後ろ

上

パーツの寸法

尾羽　12回

くちばし（実物大）

ツバメ（ひな）

カットの目安／パーツのつけ位置

正面

右

後ろ

上

パーツの寸法

尾羽　12回

くちばし（実物大）

ヤマガラ

→p.20

- ●サイズ（概寸）※あしを除く
  縦70mm×横58mm×体の長さ98mm
- ●ポンポンメーカー…35mm、55mm
- ●厚紙…60mm×40mm（尾羽A）、40mm×40mm（尾羽B）、
  40mm×45mm（風切羽）

材料

本体[頭]	: iroiro（○1）（●47）
本体[胴]	: iroiro（○1）（●34）（●36）（●47）（●48）
結び糸	: （中）…40cm×3本
くちばし	: ミニー200（790）
目	: ソリッドアイ（ブラック・4.5mm）…2個
尾羽A	: iroiro（●47）（●48）
尾羽B	: iroiro（○1）
風切羽	: iroiro（●48）
あし	: フラワー用ワイヤー…12cm×4本、フラワーテープ…5cm×2枚、iroiro（●48）

巻き図

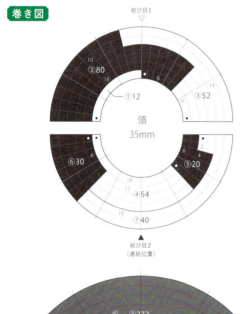

作り方

1. 土台のぽんぽんを作る ⇒p.40-43

   [頭] 順番に糸を巻く①〜⑦ → まわりをカットする → 結び糸（中）で中心を結ぶ → 取り出して形を整える
   [胴] 順番に糸を巻く①〜⑦ → まわりをカットする → 結び糸（中）で中心を結ぶ → 取り出して形を整える

2. 頭と胴のぽんぽんを連結させる ⇒p.44

3. 頭と胴の形を作る ⇒p.45

   頭の側面 → 頭の上半分 → 胴の背中側

4. パーツを作る ⇒p.46-52、巻末

   くちばしを作る（メジロタイプp.52／成形、とりつけ）
   → 目をつける
   → 尾羽を作る（厚紙に糸を巻いて結ぶ、フェルティングする、とりつけ）
   → 風切羽を作る（厚紙に糸を巻く、フェルティングする、とりつけ）
   → あしを作る（文鳥タイプⅠp.50／ワイヤーをテープで束ねる、糸を巻いて成形する、とりつけ）

5. 仕上げのカットをする ⇒p.51

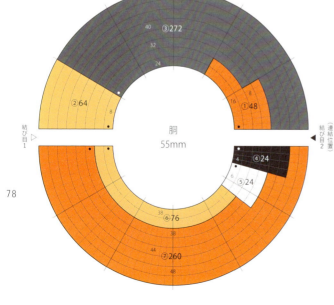

巻き終わり

シジュウカラ

→p.20

● サイズ（概寸）※あしを除く
　…縦70mm×横58mm×体の長さ98mm
● ポンポンメーカー…35mm、55mm
● 厚紙…60mm×40mm（尾羽A）、40mm×40mm（尾羽B）、
　40mm×45mm（風切羽）

材料

本体[頭]	：iroiro（○1）（●47）
本体[胴]	：iroiro（○1）（　2）（●27）（●47）（●48）
結び糸	：（中）…40cm×3本
くちばし	：ミニー200（790）
目	：ソリッドアイ（ブラック・4.5mm）…2個
尾羽A	：iroiro（●47）（●48）
尾羽B	：iroiro（○1）
風切羽	：iroiro（●48）
あし	：フラワー用ワイヤー…12cm×4本、フラワーテープ…5cm×2枚、iroiro（●48）

巻き図

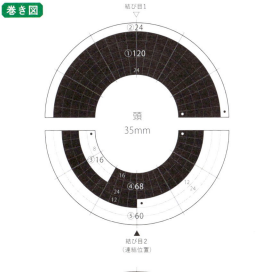

作り方

1. 土台のぽんぽんを作る ⇒p.40-43、p.53
　[頭] 順番に糸を巻く①〜⑤ → まわりをカットする →
　　　結び糸（中）で中心を結ぶ → 取り出して形を整える
　[胴] 順番に糸を巻く①〜⑬ → まわりをカットする →
　　　結び糸（中）で中心を結ぶ → 取り出して形を整える

2. 頭と胴のぽんぽんを連結させる ⇒p.44

3. 頭と胴の形を作る ⇒p.45
　頭の側面 → 頭の上半分 → 胴の背中側

4. パーツを作る ⇒p.46-52、巻末
　くちばしを作る（メジロタイプp.52／成形、とりつけ）
　→ 目をつける
　→ 尾羽を作る（厚紙に糸を巻いて結ぶ、フェルティングする、
　　 とりつけ）
　→ 風切羽を作る（厚紙に糸を巻く、フェルティングする、
　　 とりつけ）
　→ あしを作る（文鳥タイプⅠp.50／ワイヤーをテープで束ねる、
　　 糸を巻いて成形する、とりつけ）

5. 仕上げのカットをする ⇒p.51

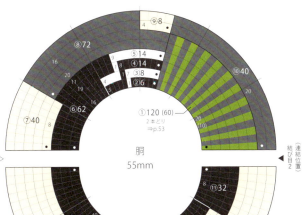

巻き終わり

ヤマガラ

カットの目安／パーツのつけ位置

正面  / 右  / 後ろ  / 上

パーツの寸法

尾羽
A
2本どり
8回
40mm × 60mm
18mm × 45mm / 25mm

B
12回
40mm
15mm

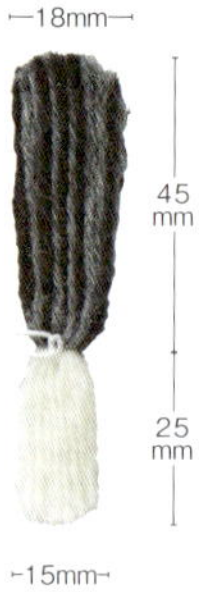

風切羽
16回
45mm × 40mm
25mm
18mm × 30mm

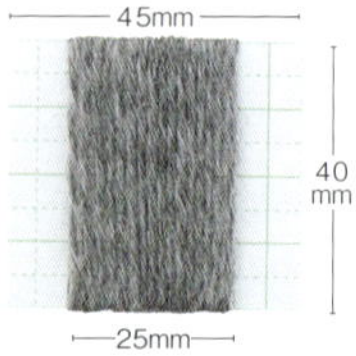

くちばし（実物大）
上  / 下 

シジュウカラ

カットの目安／パーツのつけ位置

正面  / 右  / 後ろ  / 上

パーツの寸法

尾羽
A
2本どり
8回
40mm × 60mm
18mm × 45mm / 25mm

B
12回
40mm
15mm

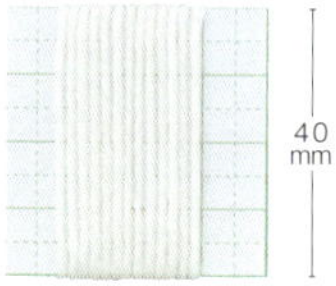

風切羽
16回
45mm × 40mm
25mm
18mm × 30mm

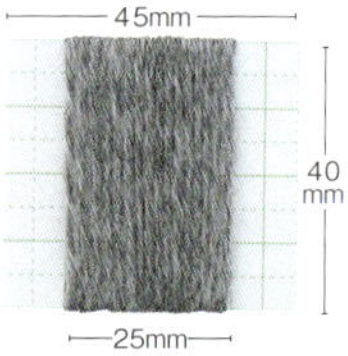

くちばし（実物大）
上  / 下

シマエナガ

→p.22

- ●サイズ（概寸）※あしを除く
　…縦53mm×横48mm×体の長さ95mm
- ●ポンポンメーカー…25mm、45mm
- ●厚紙…70mm×40mm（尾羽A）、60mm×40mm（尾羽B）

材料

本体[頭]	：iroiro（○1）（●47）
本体[胴]	：iroiro（○1）（●5）（●47）
結び糸	：25mm：（細）…30cm×1本
	45mm：（中）…40cm×2本
くちばし	：ミニー200（790）
目	：ソリッドアイ（ブラック・3.5mm）…2個
目の上	：iroiro（●31）…5cm×1本　※半分にさいて使用
尾羽A	：iroiro（●47）
尾羽B	：iroiro（○1）
あし	：フラワー用ワイヤー…9cm×4本、
	フラワーテープ…4cm×2枚、
	iroiro（●47）

巻き図

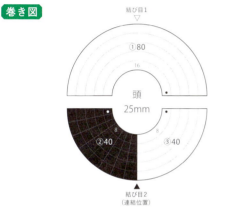

作り方

1. 土台のぽんぽんを作る ⇒p.40-43
    [頭] 順番に糸を巻く①〜③ → まわりをカットする →
    結び糸（細）で中心を結ぶ → 取り出して形を整える
    [胴] 順番に糸を巻く①〜⑧ → まわりをカットする →
    結び糸（中）で中心を結ぶ → 取り出して形を整える

2. 頭と胴のぽんぽんを連結させる ⇒p.44

3. 頭と胴の形を作る ⇒p.45
    頭の側面 → 頭の上半分 → 胴の背中側

4. パーツを作る ⇒p.46-51、p.53、下記、巻末
    くちばしを作る（フェルトをカットしてボンドで接着する）
    → 目をつける
    → 目の上にラインを入れる（p.47「目のまわりを囲む」と同様に、
    　上のみに糸を刺しつける）
    → 尾羽を作る（厚紙に糸を巻いて結ぶ、フェルティングするⓐ、
    　とりつけ）
    → あしを作る（文鳥タイプⅡ p.53／ワイヤーをテープで束ねる、
    　糸を巻いて成形する、とりつけ）

5. 仕上げのカットをする ⇒p.51

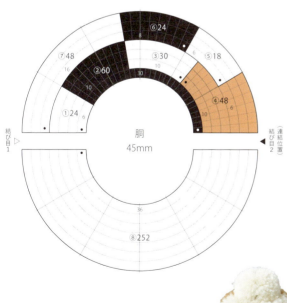

ⓐ 尾羽Bは先端をカットし、半分に分けてフェルティングする。

巻き終わり

ひよこ

→p.33

- ●サイズ(概寸) ※あしを除く
  …縦60mm×横50mm×体の長さ60mm
- ●ポンポンメーカー…35mm、45mm

材料

本体[頭]	: iroiro(●33)
本体[胴]	: iroiro(●33)
結び糸	: (中)…40cm×2本
くちばし	: ミニー200(336)
目	: ソリッドアイ(ブラック・4mm)…2個
目のまわり	: iroiro(●33)…10cm×1本 ※半分にさいて使用
あし	: フラワー用ワイヤー…12cm×4本、フラワーテープ…5cm×2枚、iroiro(●34)

巻き図

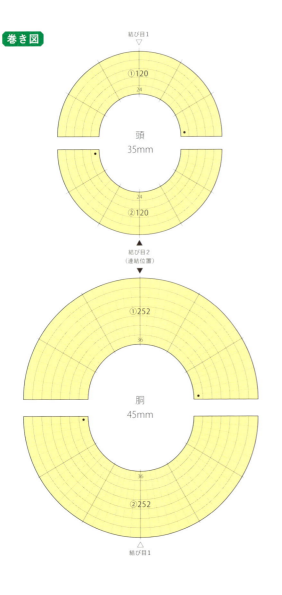

作り方

1. 土台のぽんぽんを作る ⇒p.40-43
   [頭] 順番に糸を巻く①〜② → まわりをカットする → 結び糸(中)で中心を結ぶ → 取り出して形を整える
   [胴] 順番に糸を巻く①〜② → まわりをカットする → 結び糸(中)で中心を結ぶ → 取り出して形を整える

2. 頭と胴のぽんぽんを連結させる ⇒p.44

3. 頭と胴の形を作る ⇒p.45、p.55
   頭の側面 → 頭の上半分 → カットで翼を表現する

4. パーツを作る ⇒p.46-47、p.50-53、巻末
   くちばしを作る(ひよこタイプp.52／成形、とりつけ)
   → 目をつける → 目のまわりを囲む
   → あしを作る(ひよこタイプⅠ p.53／
   ワイヤーをテープで束ねる、糸を巻いて成形する、とりつけ)

5. 仕上げのカットをする ⇒p.51

巻き終わり

シマエナガ

カットの目安／パーツのつけ位置

正面　右　後ろ　上

パーツの寸法

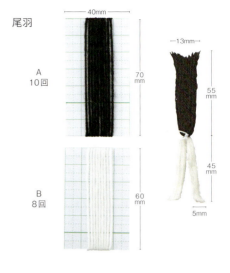

尾羽
A 10回　70mm
B 8回　60mm
40mm
13mm
55mm
45mm
5mm

くちばし（実物大）

上　下

ひよこ

カットの目安／パーツのつけ位置

正面　右　後ろ　上

パーツの寸法

くちばし（実物大）

上　下

ルリビタキ

→p.24

- ●サイズ（概寸）※あしを除く
  …縦70mm×横58mm×体の長さ98mm
- ●ポンポンメーカー…35mm、55mm
- ●厚紙…60mm×40mm（尾羽A）、40mm×40mm（尾羽B）、40mm×45mm（風切羽）

材料

本体[頭]	: iroiro（○1）（●12）（●14）
本体[胴]	: iroiro（○1）（●14）（●35）
結び糸	:（中）…40cm×3本
くちばし	: ミニー200（790）
目	: ソリッドアイ（ブラック・4.5mm）…2個
尾羽A	: iroiro（●14）
尾羽B	: iroiro（○1）
風切羽	: iroiro（●12）
あし	: フラワー用ワイヤー…12cm×4本、フラワーテープ…5cm×2枚、iroiro（●48）

巻き図

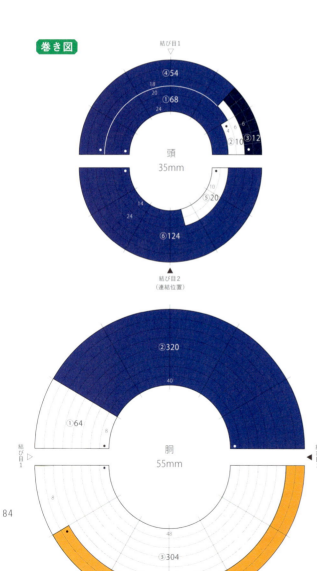

作り方

1. 土台のぽんぽんを作る ⇒p.40-43

   [頭] 順番に糸を巻く①〜⑥ → まわりをカットする → 結び糸（中）で中心を結ぶ → 取り出して形を整える
   [胴] 順番に糸を巻く①〜④ → まわりをカットする → 結び糸（中）で中心を結ぶ → 取り出して形を整える

2. 頭と胴のぽんぽんを連結させる ⇒p.44

3. 頭と胴の形を作る ⇒p.45

   頭の側面 → 頭の上半分 → 胴の背中側

4. パーツを作る ⇒p.46-52、巻末

   くちばしを作る（メジロタイプp.52／成形、とりつけ）
   → 目をつける
   → 尾羽を作る（厚紙に糸を巻いて結ぶ、フェルティングする、とりつけ）
   → 風切羽を作る（厚紙に糸を巻く、フェルティングする、とりつけ）
   → あしを作る（文鳥タイプⅠp.50／ワイヤーをテープで束ねる、糸を巻いて成形する、とりつけ）

5. 仕上げのカットをする ⇒p.51

巻き終わり

メジロ

→p.25

- ●サイズ（概寸）※あしを除く
  …縦70mm×横58mm×体の長さ98mm
- ●ポンポンメーカー…35mm、55mm
- ●厚紙…60mm×40mm（尾羽A）、40mm×40mm（尾羽B）、40mm×45mm（風切羽）

材料

本体[頭]	: iroiro（●27）（●29）
本体[胴]	: iroiro（ 2）（●25）（●27）（●29）
結び糸	:（中）…40cm×3本
くちばし	: ミニー200（790）
目	: クリスタルアイ（ゴールド・4.5mm）…2個
目のまわり	: iroiro（○1）…5cm×2本
尾羽A	: iroiro（●25）（●27）
尾羽B	: iroiro（●29）
風切羽	: iroiro（●25）（●27）
あし	: フラワー用ワイヤー…12cm×4本、フラワーテープ…5cm×2枚、iroiro（●48）

巻き図

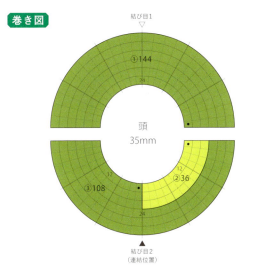

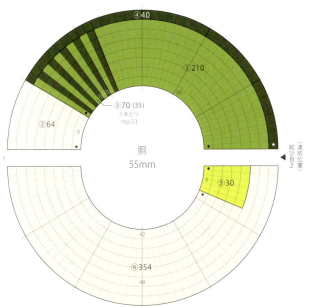

作り方

1. 土台のぽんぽんを作る ⇒p.40-43、p.53
   [頭]順番に糸を巻く①〜③ → まわりをカットする → 結び糸（中）で中心を結ぶ → 取り出して形を整える
   [胴]順番に糸を巻く①〜⑥ → まわりをカットする → 結び糸（中）で中心を結ぶ → 取り出して形を整える

2. 頭と胴のぽんぽんを連結させる ⇒p.44

3. 頭と胴の形を作る ⇒p.45
   頭の側面 → 頭の上半分 → 胴の背中側

4. パーツを作る ⇒p.46-52、p.60、下記、巻末
   くちばしを作る（メジロタイプp.52／成形、とりつけ）
   → 目をつける → 目のまわりを囲む ⓐ
   → 尾羽を作る（厚紙に糸を巻いて結ぶ、フェルティングする、とりつけ）
   → 風切羽を作る（厚紙に糸を巻く p.60 ⓐ、フェルティングする、とりつけ）
   → あしを作る（文鳥タイプⅠp.50／ワイヤーをテープで束ねる、糸を巻いて成形する、とりつけ）

5. 仕上げのカットをする ⇒p.51

ⓐ（○1）の糸を5cm×2本用意し、ニードルで目のまわりに刺しとめる。目頭まで1周囲んだら、余分な糸はカットする。※レギュラー針推奨

巻き終わり

カワセミ

→p.26

- ●サイズ(概寸) ※あしを除く
  …縦70mm×横55mm×体の長さ85mm
- ●ポンポンメーカー…35mm、55mm
- ●厚紙…50mm×40mm(尾羽A)、40mm×40mm(尾羽B)

材料

本体[頭]	: iroiro (○1) (●16) (●17) (●35)
本体[胴]	: iroiro (●16) (●17) (●35)
結び糸	: (中)…40cm×3本
くちばし	: ミニー200 (790)
目	: ソリッドアイ(ブラック・4.5mm)…2個
目のまわり	: iroiro (●47)…10cm×1本 ※半分にさいて使用
尾羽A	: iroiro (●16)
尾羽B	: iroiro (●35)
あし	: フラワー用ワイヤー…12cm×4本、フラワーテープ…5cm×2枚、iroiro (●36)

巻き図

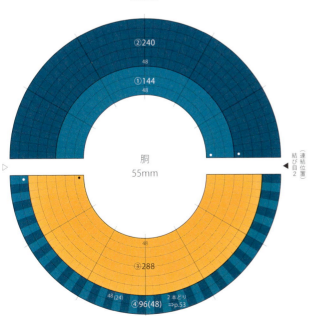

作り方

1. 土台のぽんぽんを作る ⇒p.40-43、p.53
   [頭] 順番に糸を巻く①〜⑨ → まわりをカットする → 結び糸(中)で中心を結ぶ → 取り出して形を整える
   [胴] 順番に糸を巻く①〜④ → まわりをカットする → 結び糸(中)で中心を結ぶ → 取り出して形を整える

2. 頭と胴のぽんぽんを連結させる ⇒p.44

3. 頭と胴の形を作る ⇒p.45、p.55
   頭の側面 → 頭の上半分 → 胴の背中側 → カットで翼を表現する

4. パーツを作る ⇒p.46-53、下記、巻末
   くちばしを作る(メジロタイプp.52/成形ⓐ、とりつけ)
   → 目をつける → 目のまわりを囲む
   → 尾羽を作る(厚紙に糸を巻いて結ぶ、フェルティングする、とりつけ)
   → あしを作る(文鳥タイプⅢ p.53/ワイヤーをテープで束ねる、糸を巻いて成形する、とりつけ)

5. 仕上げのカットをする ⇒p.51

ⓐ

メジロタイプ(p.52)を参照しくちばしを細長く成形したら、根元部分を約12mmに広げて乾燥させる。

巻き終わり

アカゲラ

→p.27

- ●サイズ(概寸) ※あしを除く
  …縦70mm×横53mm×体の長さ100mm
- ●ポンポンメーカー…35mm、55mm
- ●厚紙…60mm×40mm(尾羽A)、40mm×40mm(尾羽B)、40mm×45mm(風切羽)

材料

本体[頭]	: iroiro (○1) (●37) (●47)
本体[胴]	: iroiro (○1) (●37) (●47)
結び糸	: (中)…40cm×3本
くちばし	: ミニー200 (770)
目	: ソリッドアイ(ブラック・4.5mm)…2個
目のまわり	: iroiro (●47)…10cm×1本 ※半分にさいて使用
尾羽A	: iroiro (●47)
尾羽B	: iroiro (●37)
風切羽	: iroiro (●47)
あし	: フラワー用ワイヤー…12cm×4本、フラワーテープ…5cm×2枚、iroiro (●48)

巻き図

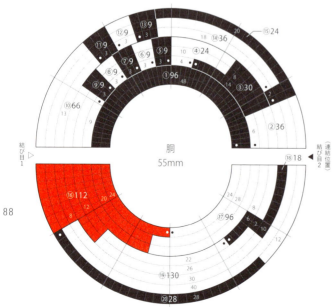

作り方

1. 土台のぽんぽんを作る ⇒p.40-43
   [頭] 順番に糸を巻く①〜⑪ → まわりをカットする → 結び糸(中)で中心を結ぶ → 取り出して形を整える
   [胴] 順番に糸を巻く①〜⑳ → まわりをカットする → 結び糸(中)で中心を結ぶ → 取り出して形を整える

2. 頭と胴のぽんぽんを連結させる ⇒p.44

3. 頭と胴の形を作る ⇒p.45、p.55
   頭の側面 → 頭の上半分 → 胴の背中側 → 胴を細く整える

4. パーツを作る ⇒p.46-53、巻末
   くちばしを作る(メジロタイプp.52／成形、とりつけ)
   → 目をつける → 目のまわりを囲む
   → 尾羽を作る(厚紙に糸を巻いて結ぶ、フェルティングする、とりつけ)
   → 風切羽を作る(厚紙に糸を巻く、フェルティングする、とりつけ)
   → あしを作る(インコタイプp.53／ワイヤーをテープで束ねる、糸を巻いて成形する、とりつけ)

5. 仕上げのカットをする ⇒p.51

巻き終わり

カワセミ

カットの目安／パーツのつけ位置

正面

右

パーツの寸法

尾羽
A 16回
B 12回

くちばし（実物大）
上　下

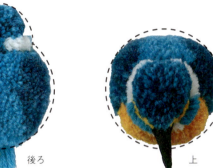
後ろ　上

アカゲラ

カットの目安／パーツのつけ位置

正面

右

後ろ

上

パーツの寸法

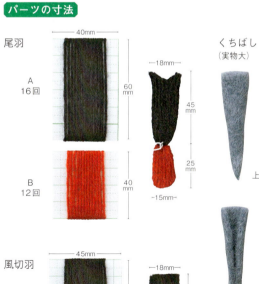

尾羽
A 16回
B 12回

風切羽
16回

くちばし（実物大）
上　下

89

ツバメ（親）

→p.30

- ●サイズ（概寸）
  …縦70mm×横53mm×体の長さ115mm（全幅175mm）
- ●ポンポンメーカー…35mm、55mm
- ●その他…クッキングシート、ボンド水を入れる容器、スプーン ※ボンド水を作る際、計量用に使用

材料

本体[頭]	: iroiro（●12）（●36）
本体[胴]	: iroiro（○1）（●12）
結び糸	:（中）40cm×2本
くちばし	: ミニー200（790）
目	: ソリッドアイ（ブラック・4.5mm）…2個
翼A	: ミニー200（558）
翼B	: ミニー200（771）、フラワー用ワイヤー×2本
尾羽A	: ミニー200（558）
尾羽B	: ミニー200（771）

巻き図

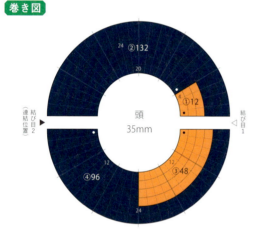

作り方

1. 土台のぽんぽんを作る ⇒p.40-43
   [頭] 順番に糸を巻く①〜④ → まわりをカットする → 結び糸（中）で中心を結ぶ → 取り出して形を整える
   [胴] 順番に糸を巻く①〜④ → まわりをカットする → 結び糸（中）で中心を結ぶ → 取り出して形を整える
2. 頭と胴のぽんぽんを連結させる ⇒p.44
3. 頭と胴の形を作る ⇒p.45、p.55
   頭の側面 → 頭の上半分 → 胴を細く整える
4. パーツを作る ⇒p.46-47、p.52、p.91、巻末
   くちばしを作る（メジロタイプp.52／成形、とりつけ）
   → 目をつける
   → 翼を作る（成形、とりつけ）p.91「翼の作り方」参照
   → 尾羽を作る（成形、とりつけ）p.91「尾羽の作り方」参照
5. 仕上げのカットをする ⇒p.51

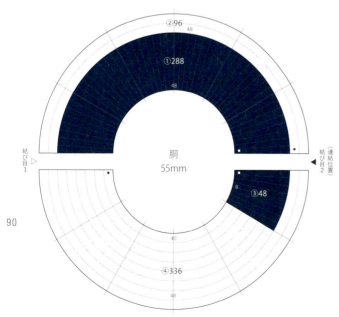

巻き終わり

翼の作り方

1. 翼AのフェルトÏ(558)を8cm×20cmにカットし ⓐ、水で十分に濡らす。端からフェルトを丸め、両手ではさみながら転がす。時々水に濡らしながら縦横それぞれの方向に丸めては転がし、7cm×17cmの大きさになるまで繰り返し作業する(p.55参照)。

2. 容器に「ボンド：水」を「1：3」の割合で溶いたボンド水を作り、1のフェルトを十分にひたした後 ⓑ、にぎって水気を絞る ⓒ。平らに広げたら、クッキングシートの上に置いて乾燥させる ⓓ。

3. 乾いた2を、翼Aの型紙(巻末)に合わせて2枚カットする ⓔⓕ。

4. フラワー用ワイヤーを半分に曲げ、型紙の点線の形に合わせてわを作ってねじり、折り曲げる ⓖ。2本同様に成形する。

5. 翼BのフェルトÏ(771)を型紙(巻末)に合わせて2枚カットし、裏面全体にボンドを塗って ⓗ、4のワイヤーを貼りつける ⓘ。これを翼Aの裏面に貼りつけて乾燥させる ⓙ。左右対称にもう一組作り、乾燥させる。

6. 5のワイヤー2本をそれぞれ、本体脇の翼のつけ位置(p.92参照)に差し込む ⓚ。反対側から出たワイヤーを引っぱり、根元で数回ねじったら ⓛ、2cmほど残してカットする ⓜ。残ったワイヤーの先は、後ろ側に倒して本体の糸の中に埋め込んで隠す ⓝ。同様にもう一組もとりつける ⓞ。

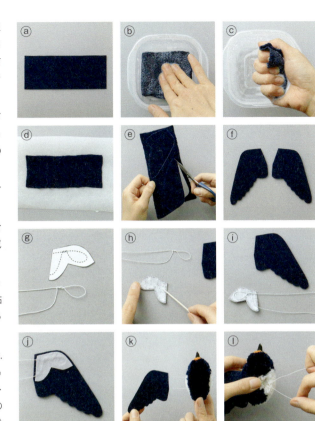

尾羽の作り方

1. 尾羽A、Bのフェルトを型紙(巻末)に合わせてカットし ⓟ、水で十分に濡らす。型紙の↔の方向にフェルトを丸め、手のひらをこすり合わせるように転がし、時々水に濡らしながら、できあがりの大きさ(p.92参照)を参考に縮絨する ⓠ。尾羽A、Bそれぞれ同様に作業する。

2. 形を整えて乾燥させ、はさみで形を整える ⓡ。

3. 尾羽Bの裏面〜縁にボンドを塗り、やや丸みを帯びるようにカーブさせながら尾羽Aの裏面に接着する ⓢ。

4. 3の根元にボンドを塗り、本体の尾羽のつけ位置に差し込む ⓣⓤ。

ツバメ（親）

カットの目安／パーツのつけ位置

★…吊るし糸を通す位置　●…翼のつけ位置

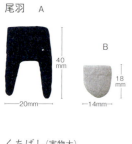

正面

右

後ろ

上

パーツの寸法

尾羽　A　40mm　20mm
B　18mm　14mm

くちばし（実物大）
上　下

翼（実物大）

吊るし方

吊るし糸：刺繍糸など／好みの長さ+30cm

1
吊るし糸をとじ針に通して★1に刺し、針先を★2に出す。

2
30cmほど糸を引いたら★3に針を刺し★4に針先を出して引き抜く。

3
止め結び→止め結び・逆の順で結び、結び目をボンドで補強したら、吊るし糸を1本だけ残してもう一方は根元でカットする。

4
できあがり。

ウズラ（親）

→p.32

●サイズ（概寸）※あしを除く
　…縦85mm×横68mm×体の長さ90mm
●ポンポンメーカー…35mm、65mm

材料

本体[頭]　：iroiro（　2）（●9）（●10）（●11）
本体[胴]　：iroiro（　2）（●7）（●9）（●10）（●11）
結び糸　　：（中）…40cm×2本
くちばし　：ミニー200（229）
目　　　　：クリスタルアイ（ブラウン・6mm）…2個
目のまわり：iroiro（●9）…10cm×1本 ※半分にさいて使用
あし　　　：フラワー用ワイヤー…12cm×4本、
　　　　　　フラワーテープ…5cm×2枚、
　　　　　　iroiro（●34）

巻き図

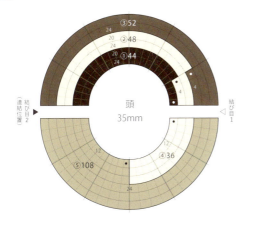

作り方

1. 土台のぽんぽんを作る ⇒p.40-43、p.53
   [頭] 順番に糸を巻く①〜⑤ → まわりをカットする →
   結び糸（中）で中心を結ぶ → 取り出して形を整える
   [胴] 順番に糸を巻く①〜⑫ → まわりをカットする →
   結び糸（中）で中心を結ぶ → 取り出して形を整える

2. 頭と胴のぽんぽんを連結させる ⇒p.44

3. 頭と胴の形を作る ⇒p.45
   頭の側面 → 頭の上半分

4. パーツを作る ⇒p.46-47、p.50-53、巻末
   くちばしを作る（ひよこタイプp.52／成形、とりつけ）
   → 目をつける → 目のまわりを囲む
   → あしを作る（ひよこタイプⅡp.53／
   　 ワイヤーをテープで束ねる、糸を巻いて成形する、とりつけ）

5. 仕上げのカットをする ⇒p.51

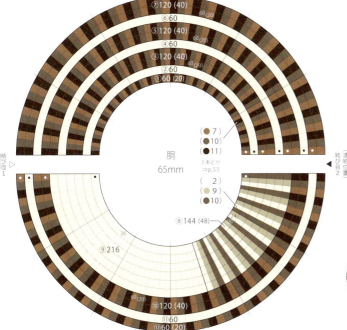

巻き終わり

ウズラ（親）

カットの目安／パーツのつけ位置

正面

右

パーツの寸法

くちばし（実物大）
上

下

後ろ

上

ウズラ（卵） →p.32

- ●サイズ（概寸）
  …縦30mm×横25mm
- ●ポンポンメーカー…25mm

材料

本体	: iroiro（ 2）（●11）
結び糸	:（細）…30cm×1本
模様	: iroiro（●11）…5cm×好みの本数

巻き図

作り方

1. 土台のぽんぽんを作る ⇒p.40-43
   ［頭］順番に糸を巻く①〜⑤ → まわりをカットする → 結び糸（細）で中心を結ぶ → 取り出して形を整える
2. たまごの形にカットする ⇒p.45
3. 模様を入れる　※スズメのひな「頬の斑を入れる」と同様 ⇒p.75

カットの目安

横

上

好みの位置に（●11）の糸をニードルで刺して模様をつける

通常よりも巻き数が多いので、ぽんぽんがやや細長くできあがります。楕円の形をそのまま活かして仕上げましょう。

ウズラ（ひな）

→p.32

● サイズ（概寸）
　…縦38mm×横28mm×体の長さ40mm
● ポンポンメーカー…20mm、25mm

材料

本体[頭]	：iroiro（　2）（●9）（●11）
本体[胴]	：iroiro（　2）（●9）（●11）
結び糸	：（細）…30cm×2本
くちばし	：ミニー200（336）
目	：ソリッドアイ（ブラック・3mm）…2個

巻き図

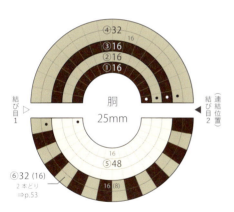

作り方

1. 土台のぽんぽんを作る ⇒p.40-43、p.53
   [頭] 順番に糸を巻く①〜⑥ → まわりをカットする → 結び糸（細）で中心を結ぶ → 取り出して形を整える
   [胴] 順番に糸を巻く①〜⑥ → まわりをカットする → 結び糸（細）で中心を結ぶ → 取り出して形を整える

2. 頭と胴のぽんぽんを連結させる ⇒p.44

3. 頭と胴の形を作る ⇒p.45
   頭の側面 → 頭の上半分

4. パーツを作る ⇒p.46-47、巻末
   くちばしを作る（フェルトをカットしてボンドで接着する）→ 目をつける

5. 仕上げのカットをする ⇒p.51

巻き終わり

カットの目安／パーツのつけ位置

正面

右

後ろ

上

パーツの寸法

くちばし（実物大）

上　　下

trikotri／黒田翼

1981年静岡県生まれ。東京藝術大学絵画科卒業。こどもの頃から絵を描くことや、ものづくりに親しむ。さまざまな色の毛糸を組み合わせた「ぽんぽん」から形を切り出し、ニードルフェルティングの技法と組み合わせて、動物や身のまわりのものをモチーフとした作品を制作、発表している。著書に「動物ぽんぽん」「犬ぽんぽん」「猫ぽんぽん」（誠文堂新光社刊）があるほか、手芸キットの監修、テキスタイルデザインなども手がける。
http://www.instagram.com/trikotri222/
http://trikotri.com/

モデル	左合みちる
撮影	福井裕子
デザイン・装丁	葉田いづみ
編集進行	古池日香留

撮影協力　AWABEES
〒151-0051　渋谷区千駄ヶ谷 3-50-11
明星ビルディング 5F
TEL.03-5786-1600

UTUWA
〒151-0051　渋谷区千駄ヶ谷 3-50-11
明星ビルディング 1F
TEL.03-6447-0070

材料協力（糸）　横田株式会社・DARUMA
〒541-0058　大阪市中央区南久宝寺町 2-5-14
TEL.06-6251-2183（代）

協力　サンフェルト株式会社
〒111-0042　東京都台東区寿 2-1-4
TEL.03-3842-5562（代）

クロバー株式会社
〒537-0025　大阪市東成区中道 3-15-5
TEL.06-6978-2277（お客様係）

ハマナカ株式会社
〒616-8585　京都市右京区花園薮ノ下町 2-3
TEL.075-463-5151（代）

株式会社ツキネコ
〒101-0021　千代田区外神田 5-1-5 末広 JF ビル 5F
TEL.03-3834-1080（代）

毛糸を巻いてつくる　家鳥とちいさな野鳥

小鳥ぽんぽん

NDC594

2019年4月20日　発　行
2019年4月22日　第 2 刷

著者	trikotri（トリコトリ）
発行者	小川雄一
発行所	株式会社 誠文堂新光社

〒113-0033　東京都文京区本郷 3-3-11
［編集］電話 03-5805-7285
［販売］電話 03-5800-5780
http://www.seibundo-shinkosha.net/

印刷・製本　大日本印刷 株式会社

© 2019, trikotri.　Printed in Japan　検印省略
禁・無断転載

落丁・乱丁本はお取り替え致します。本書掲載記事の無断転用を禁じます。また、本書に掲載された記事の著作権は著者に帰属します。これらを無断で使用し、バザーなどでの販売、講習会やワークショップ、および商品化等を行うことを禁じます。

本書のコピー、スキャン、デジタル化等の無断複製は、著作権法上での例外を除き、禁じられています。本書を代行業者等の第三者に依頼してスキャンやデジタル化することは、たとえ個人や家庭内での利用であっても著作権法上認められません。
※ただし、巻末の型紙については、私的利用に限り、コピーしてお使いください。

JCOPY　〈（一社）出版者著作権管理機構 委託出版物〉
本書を無断で複製複写（コピー）することは、著作権法上での例外を除き、禁じられています。本書をコピーされる場合は、そのつど事前に、（一社）出版者著作権管理機構（電話 03-5244-5088／FAX 03-5244-5089／e-mail:info@jcopy.or.jp）の許諾を得てください。

ISBN978-4-416-61911-7

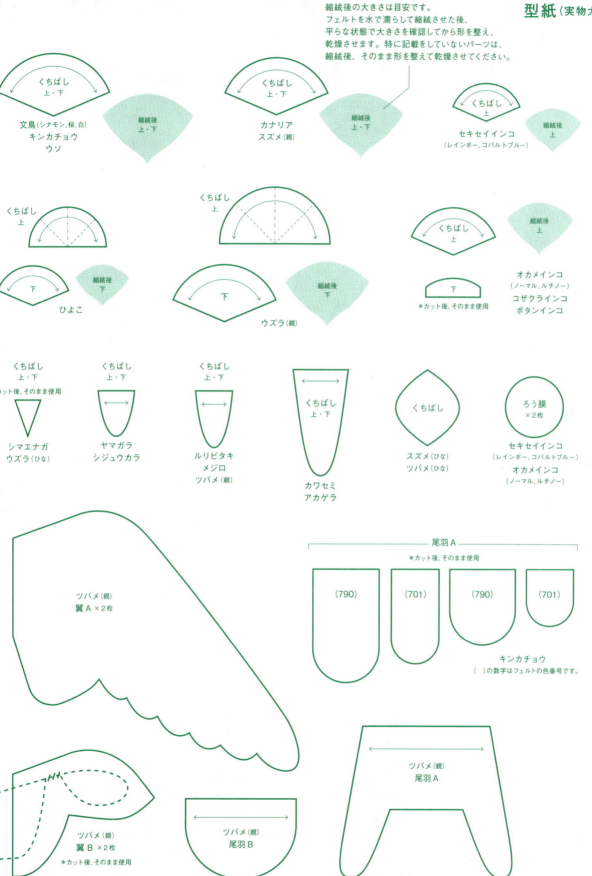